O LIVRO DOS CINCO ANÉIS

O CLÁSSICO GUIA DE ESTRATÉGIA

Miyamoto Musashi

O LIVRO DOS CINCO ANÉIS

O CLÁSSICO GUIA DE ESTRATÉGIA

Tradução:
Marcos Malvezzi Leal

© 2021, Madras Editora Ltda.

Editor:
Wagner Veneziani Costa

Produção e Capa:
Equipe Técnica Madras

Ilustração da Capa:
Renata Guedes Pacces

Tradução:
Marcos Malvezzi Leal

Revisão:
Ana Lúcia Sesso
Isabel Gonzaga F. de Menezes
Cristina de Fátima A. Lourenço

Dados Internacionais de Catalogação na Publicação (CIP)
(Câmara Brasileira do Livro, SP, Brasil)

Musashi, Miyamoto, 1584-1645.
O Livro dos Cinco Anéis: o Clássico Guia de Estratégia/Miyamoto Musashi; tradução Marcos Malvezzi Leal. – 11 ed. – São Paulo: Madras, 2021.
Tradução de: A book of five rings: the classic guide to strategy
ISBN 978-85-370-0333-6
1. Arte e ciência militar – Obras anteriores a 1800 2. Artes marciais 3. Esgrima – Japão – Obras anteriores a 1800 4. Kendo - Obras anteriores a 1800 I. Título.
08-02324 CDD-355

Índices para catálogo sistemático:
1. Arte e ciência militar 355

Proibida a reprodução total ou parcial desta obra, de qualquer forma ou por qualquer meio eletrônico, mecânico, inclusive por meio de processos xerográficos, incluindo ainda o uso da internet, sem a permissão expressa da Madras Editora, na pessoa de seu editor (Lei nº 9.610, de 19/2/1998).

Todos os direitos desta edição reservados pela

MADRAS EDITORA LTDA.
Rua Paulo Gonçalves, 88 – Santana
CEP: 02403-020 – São Paulo/SP
Tel.: (11) 2281-5555 – (11) 98128-7754
www.madras.com.br

ÍNDICE

Prefácio 9
Apresentação 13
   O Japão na Época de Musashi 13
   Kendo 17
   Kendo e Zen 20
   Sobre a Vida de Miyamoto Musashi 22
Introdução 39
O Livro da Terra 43
   O Caminho da Estratégia 44
   Comparando o Caminho do Marceneiro
   à Estratégia 46
   O Caminho da Estratégia 48
   Resumo dos Cinco Livros Deste Livro
   de Estratégia 49
   O Nome Ichi Ryu Ni To (Uma Escola
   — Duas Espadas) 52
   O Benefício dos Dois Ideogramas
   Que Significam "Estratégia" 54
   O Benefício das Armas na Estratégia 55

Controle de Tempo na Estratégia 56
O Livro da Água 61
    A Relevância Espiritual na Estratégia 62
    Posição em Estratégia 63
    A Força do Olhar em Estratégia 63
    Empunhando a Espada Longa 64
    Jogo dos Pés 65
    As Cinco Atitudes 65
    O Caminho da Espada Longa 66
    As Cinco Abordagens 67
    O Ensinamento Sobre a "Atitude de
    Não-Atitude" 69
    Golpear o Inimigo "Em Um Tempo" 70
    O "Ataque Duplo do Abdome" 70
    Sem Plano, Sem Concepção 71
    O Golpe da Água 71
    Golpe Contínuo 71
    O Golpe de Fogo e Pedras 72
    O Golpe das Folhas Vermelhas 72
    O Corpo no Lugar da Espada Longa 72
    Golpear e Cortar 73
    Cadinho Chinês 73
    Emulsão de Cola e Verniz 74
    Conquistar a Altura 74
    Aplicar a Aderência 74
    Golpe de Corpo 75
    Três Modos de Barrar o Ataque Inimigo 75
    Espetar o Rosto 76
    Espetar o Coração 76
    Bloqueio Violento 76

Há Muitos Inimigos 77
A Vantagem Competitiva 78
Um Único Golpe 78
Comunicação Direta 78
O Livro do Fogo 81
    Dependendo do Lugar 82
    Os Três Métodos de Antecipar-se ao Inimigo 83
        O Primeiro — Ken No Sen 84
        O Segundo — Tai No Sen 84
        O Terceiro — Tai Tai No Sen 85
    Segurar o Travesseiro 85
    A Travessia do Fosso 86
    Reconhecer o Momento 87
    Pisar na Espada 88
    Reconhecer o "Colapso" 88
    Tornar-se o Inimigo 89
    Liberar Quatro Mãos 90
    Mover a Sombra 90
    Segurar a Sombra 91
    Contágio 91
    Causar Perda de Equilíbrio 92
    Assustar 93
    Mergulhar 93
    Ferir as Extremidades 93
    Causar Confusão 94
    Os Três Gritos 95
    Infiltrar 95
    Esmagar 96
    A Mudança "Montanha-Mar" 97
    Penetrar as Profundezas 97

Renovar 98
Cabeça de Rato, Pescoço de Boi 98
O Comandante Conhece as Tropas 99
Largar o Cabo 99
O Corpo de Uma Rocha 99
O Livro do Vento 101
    Outras Escolas Usando Espadas Extra Longas .. 102
    O Espírito Forte da Espada Longa
    em Outras Escolas 103
    Uso da Espada Um Pouco Menos Longa
    em Outras Escolas 104
    Outras Escolas Com Muitos Métodos
    Usando a Espada Longa 105
    Uso de Atitudes da Espada Longa
    em Outras Escolas 106
    Fixando o Olhar em Outras Escolas 108
    Uso dos Pés em Outras Escolas 109
    Velocidade em Outras Escolas 110
    "Interior" e "Superfície" em Outras Escolas 111
O Livro do Vazio 115

INTRODUÇÃO

Shinmen Musashi No Kami Fujiwara no Genshin, que se tornou célebre como Miyamoto Musashi, nasceu na aldeia de Miyamoto, província de Mimasaka, em 1584, e seus cestrais eram ramificação do poderoso clã Harima de Kyushu, a ilha mais ao Sul do Japão.
Prenunciando o que seria sua vida futura, aos treze anos de idade, matou um samurai da escola xintoísta Ryu conhecido por sua habilidade na lança e na espada, de nome Arima Kihei. Musashi teria lançado Kihei ao solo e batido na cabeça do mesmo com uma vara. O homem morreu vomitando sangue.
Aos dezesseis anos, no Japão, enfrentou e venceu Tadashima Akiyama e tornou-se, como tantos outros, um samurai sem senhor, um *ronin*. Endureceu-se em caminhadas por terras inóspitas, sob invernos rigorosos e com a incerteza dos meios de subsistência fustigando-lhe o estômago e o cérebro. Para fazer frente às despesas, sempre pode contar com sua espantosa habilidade para esculpir e desenhar.
Participou da batalha de Seri ga Hara e, embora na facção derrotada, sobreviveu ao massacre e continuou sua peregrinação em busca da iluminação pela espada.

Aos vinte e um anos, em Kioto, lutou contra a família Yoshioka, a famosa grei de instrutores de esgrima da casa Ashikaga. Seijiro, o primeiro da família Yoshioka a enfrentar Musashi, empunhava uma espada de boa qualidade, ao passo que o samurai invencível portava uma espada de madeira. Com um violento ataque, Musashi derrubou Seijiro e pôs-se a espancá-lo furiosamente. Envergonhado, o derrotado cortou o penteado de samurai e se recolheu para cuidar dos muitos ferimentos recebidos.

Não é preciso muito para perceber quantos ensinamentos de empresa há nesse episódio: a) Nem sempre o mais bem aparelhado para as exigências de mercado conseguirá colocar mais eficazmente seus produtos; b) uma boa ofensiva deve ser seguida por uma continuidade a fim de que o adversário não possa se recompor; c) nunca deixe o adversário impor regras ou condições apenas porque está mais bem aparelhado; d) ataque, ataque, ataque.

Após essa estrondosa vitória permaneceu na capital e seu comportamento irritou profundamente os Yoshiokas. O segundo em importância no clã, Densichiro, desafiou-o para um duelo. Musashi, deliberadamente, retardou-se para o recontro e segundos depois do início da porfia quebrou o crânio do oponente, que morreu imediatamente.

Novo ensinamento: conheça suas armas e a técnica de seus oponentes. Não reduza o potencial de seus ataques e, sobretudo, numa luta mortal, como quase sempre é a de mercado, não tenha misericórdia.

Uma terceira luta foi proposta, dessa vez contra Hansichiro, filho de Seijiro, um jovem campeão. Dessa feita, variando a tática, Musashi chegou mais cedo ao local da refrega e escondeu-se. No horário aprazado o garoto chegou com um grupo de bem armados partidários. Musashi esperou até que julgassem ter ele se evadido do duelo e, com a velocidade habitual, matou o menino. A seguir, servindo-se da sua técnica, aquela das duas espadas, abriu caminho, causando ferimentos e mortes, entre o grupo e fugiu.

Novamente: aja de maneira inesperada, surpreenda o adversário, cause-lhe danos nos *fronts* mais importantes e, se não for possível aniquilá-lo - fuja. Sempre será possível causar-lhe mais danos em outra batalha. Lembre-se, na disciplina oriental, de que o Go é o mais expressivo e visual exemplo, o que importa quanto ao inimigo é, se não for possível exterminá-lo de uma por todas as vezes, amedrontá-lo, fazê-lo arreceiar-se de sua própria sombra; encurralá-lo, privá-lo de referenciais, fazê-lo tomar decisões incorretas e desnecessárias e, sobretudo, fazê-lo enfraquecer-se pelo desgaste, pelas falhas de logística, pelo consumo incorreto de recursos, pelo ataque a falsas frentes e cercá-lo quase completamente, deixando-lhe como saídas aquelas desejadas pelo nosso ataque.

Em 1605, após derrotar Oku Hozoin, monge discípulo de Hoin Inei, Musashi passou algum tempo estudando as técnicas dos sacerdotes lanceiros e desfrutando de sua hospitalidade e sabedoria.

Na província de Izumo, após derrotar um campeão local e o senhor provincial Matsudaira, permaneceu um tempo como professor desse senhor. No entanto, o duelo mais famoso mantido por Musashi foi em 1612 em Ogura, província de Bunzen, contra Sasaki Kojiro, criador de uma técnica de esgrima conhecida por Tsubame-gaeshi e inspirada no movimento da cauda de andorinhas em vôo.

Autorizado o duelo, fixou-se como local uma ilha próxima de Ogura. Musashi atrasou-se para chegar ao local e durante a viagem esculpiu uma espada a partir do remo existente no barco. Sua aparência era pouco ortodoxa: sujo, cabelos envoltos numa toalha, as mangas do quimono presas por tiras de papel torcido, barba por cortar e, na mão, a longa espada esculpida. Todos, inclusive Kojiro se surpreenderam com sua figura. Musasshi correu sobre seu oponente que sacou a espada longa e lançou fora a bainha. Musashi gritou: você não precisa mais disto! E golpeou a cabeça de Kojiro que tombou morto. O golpe desfechado pelo adversário cortou a toalha e parte da camisa de Musashi.

Nota-se que uma boa estratégia diversiva, seguida de manutenção do firme propósito de executar aquela efetiva, tem resultados favoráveis mas não extingue os riscos de confronto com um adversário muito bem preparado.

No mercado de ações muita vez se empregam táticas diversivas dessa natureza e é preciso agir firme e eficazmente para execução de um projeto, no tempo em que o adversário se entretém com filigranas.

Enfim, o arguto leitor poderá observar, não só por aspectos práticos como os aqui apresentados, mas sobretudo pela leitura atenta do texto de Musashi, que as técnicas descritas, embora voltadas à mortal arte da esgrima, aplicam-se ao não menos letal mundo competitivo dos mercados, conforme nos diz o próprio autor: *"Quando você atinge o caminho da estratégia, não haverá nada que não possa compreender"*.

Márcio Pugliesi
Prof. Dr. dos Cursos de
Pós-graduação em Direito da PUC-SP

APRESENTAÇÃO

O JAPÃO NA ÉPOCA DE MUSASHI

Musashi, o maior samurai de todos os tempos, nasceu em 1584, época em que o Japão recuperava-se de uma guerra interna de mais de quatro séculos, em que os diferentes, por assim dizer, clãs buscavam a hegemonia e o controle de um território fragmentado em centenas de ilhas e de tradições diversas quanto ao poder. O poderio centralizado e tradicional dos imperadores fora rompido no século XII, e seu papel era meramente figurativo e dependente dos rumos das disputas internas entre os grandes senhores das províncias, os monges guerreiros e os salteadores que digladiavam-se numa contínua guerra civil por território e poder.

Nos séculos XV e XVI, os senhores das províncias, ou daimios, construíram castelos de pedra para protegerem suas terras e a si próprios; assim, vários agrupamentos de castelos, formando verdadeiras cidades do lado de fora das muralhas, foram se desenvolvendo. As guerras reduziram a população economicamente ativa e, em consequência de sua duração, restringiram o crescimento do comércio e empobreceram o país.

Oda Nobunaga tornou-se, em 1573, o xogum, ou ditador militar, e em quase dez anos conseguiu controlar praticamente todo o país. Quando Nobunaga foi assassinado, em 1582, Toyotomi Hideyoshi continuou o trabalho de unificação, abafando qualquer ameaça de insurreição. Trouxe de volta a velha disputa entre os guerreiros do Japão – samurais – e os cidadãos comuns, restringindo o uso de espadas: só os samurais podiam usar duas espadas – a curta, usada por todo mundo, e a longa, que distinguia o samurai do resto da população. Essa gestão, que perdurou até 1598, reduziu o conflito interno e preparou o terreno para a unificação empreendida por Tokugawa Ieyasu, antigo parceiro de Hideyoshi e Nobunaga, que, em 1603, se tornou, formalmente, o xogum do Japão, após derrotar o filho de Hideyoshi, Hideyori, na batalha de Seki ga Hara.

Ieyasu, governando a partir de Edo, deu início a uma fase da história do Japão que durou até a Restauração Imperial de 1868, pois, após ter morrido em 1616, membros de sua família o sucederam e o xogunato tornou-se praticamente um título hereditário para os Tokugawa.

Esse grande senhor tornou-se o braço direito do imperador em Kioto, que ainda era o chefe titular do Japão, buscando assegurar sua permanência no xogunato. Para reduzir o risco de sublevações dos senhores de província, introduziu um sistema segundo o qual todos os senhores teriam de viver em Edo em anos alternados; impôs restrições severas às viagens; concedeu terra em troca de juramentos de aliança e deu os castelos das províncias ao redor de Edo a membros de sua família. Além disso, instalou uma rede de polícia secreta e um corpo de assassinos, ambos sob seu comando direto.

O período Tokugawa marca uma grande mudança na história social do Japão. A burocracia dos Tokugawa permeou todos os setores da vida do país. Não só a educação, as leis, o governo e as classes sociais eram controlados, mas também os costumes e comportamentos de cada classe. A consciência de classe tradicional do Japão endureceu, convertendo-se em uma estrutura rígida de classes. Havia basicamente quatro: samurais, fazendeiros, artesãos e mercadores. Os samurais eram a classe mais alta – em prestígio, ainda que não em riqueza – e incluía os senhores, os oficiais do governo, guerreiros e oficiais de patente inferior do exército e infantaria. Os próximos na hierarquia eram os fazendeiros, não porque fossem altamente respeitados, mas porque forneciam a colheita essencial de arroz. Sua situação era infeliz, pois eram obrigados a dar a maior parte do que colhiam aos senhores e não tinham permissão de abandonar suas fazendas. Em seguida vinham os artesãos e, por último, os mercadores, que, embora fossem desprezados, acabavam se tornando cidadãos proeminentes por causa da vasta riqueza que acumulavam. Poucas pessoas encontravam-se fora dessa rígida hierarquia.

Musashi pertencia à classe dos samurais. Encontramos a origem dessa classe no sistema Kondei ("Jovem Robusto"), estabelecido em 792 d.C., no qual o exército japonês, até então constituído principalmente de soldados da infantaria portadores de lança, foi fortalecido, através da rigidez das patentes, com oficiais treinadores permanentes, recrutados entre os filhos jovens das famílias de classe alta. Estes eram oficiais montados, usavam armadura, arco e flecha. Em 782, o imperador Kammu começou a construir Kioto, e lá montou um local especial para treinamento, até hoje chamado de Butokuden, a "sala das virtudes da guerra". Em poucos anos de renovação, os ferozes Ainu, os habitantes aborígenes do Japão, que até então haviam frustrado as tentativas do exército de expulsá-los de seus acampamentos, foram rechaçados, rumando para a ilha de Hokkaido, mais ao norte.

Quando os grandes exércitos das províncias foram gradualmente desmanchados sob o regime de Hideyoshi e Ieyasu, muitos samurais tornaram-se supérfluos, em uma era de paz. Musashi era um desses, um "ronin" ou "homem que vaga". Ainda existiam alguns samurais trabalhando para os Tokugawa e os senhores das províncias, mas eram poucos. As hordas de samurais desocupados viviam em uma sociedade completamente baseada no velho sistema de bravura; porém, ao mesmo tempo, sem lugar para soldados. Eles se tornaram, então, uma classe invertida, mantendo a bravura viva através de devoção às artes militares, com um fervor que só os japoneses possuem. Essa era a época do desabrochar do Kendo.

Kendo, o Caminho da Espada, sempre fora sinônimo de nobreza no Japão. Desde a fundação da classe dos samurais, no século VIII, as artes militares haviam se tornado a mais alta forma de estudo, inspirada pelos ensinamentos de Zen e pelo sentimento do xintoísmo. As escolas de Kendo, criadas no início do período de Muromachi – aproximadamente de 1390 a 1600 –, foram continuadas através dos levantes provocados pela formação do xogunato dos Tokugawa, e sobrevivem até hoje. A educação dos filhos dos xoguns Tokugawa baseava-se no ensinamento dos clássicos chineses e em exercícios de esgrima. Enquanto um cidadão ocidental afirma: "a pena é mais poderosa que a espada", os japoneses diriam: "Bunbu Itchi", ou "pena e espada juntas". Hoje em dia, empresários proeminentes e líderes políticos no Japão ainda praticam as velhas tradições das escolas de Kendo, preservando as formas de centenas de anos atrás.

Voltando a Musashi, ele era um ronin em uma época em que os samurais eram considerados a elite, mas não possuíam meios de subsistência, a menos que fossem donos de terras e castelos. Muitos ronins depuseram a espada e tornaram-se artesãos; mas outros, como Musashi, perseguiam o ideal do guerreiro em busca de iluminação através dos perigosos caminhos do Kendo. Duelos de vingança e testes de habilidade eram comuns, e as escolas de esgrima se multiplicavam. Principalmente duas escolas, a Itto e a Yagiu, eram mantidas pelos Tokugawa. A escola Itto possuía uma linha sucessiva de professores de Kendo, e a escola Yagyu acabou se tornando a polícia secreta da burocracia dos Tokugawa.

KENDO

Tradicionalmente, as salas de esgrima do Japão, chamadas de Dojo, eram associadas a mausoléus e templos, mas na época de Musashi inúmeras escolas surgiram nas novas cidades de castelos. Cada daimio, ou senhor, mantinha uma escola Kendo, na qual os partidários podiam treinar e deixar seus filhos para serem educados. A esperança de todo ronin era um dia poder derrotar os estudantes e o mestre de um Dojo em combate, aumentando sua fama e tornando seu nome conhecido por alguém que pudesse empregá-lo.

Os samurais usavam duas espadas presas ao cinto, com o lado afiado voltado para cima. A espada mais longa só era carregada fora de casa e a mais curta, o tempo todo. Para o treinamento, usavam espadas de madeira e varas de bambu. Duelos e outros testes de armas eram comuns, com espadas reais ou de treino. Esses testes eram conduzidos nas salas de esgrima e diante dos mausoléus, nas ruas e dentro das muralhas dos castelos. Lutava-se em um duelo até a morte ou até um dos participantes ficar incapacitado, mas algumas gerações mais tarde, após a geração de Musashi, entraram em voga o "shinai", uma espada de madeira, e, depois, uma armadura acolchoada; portanto, o risco de

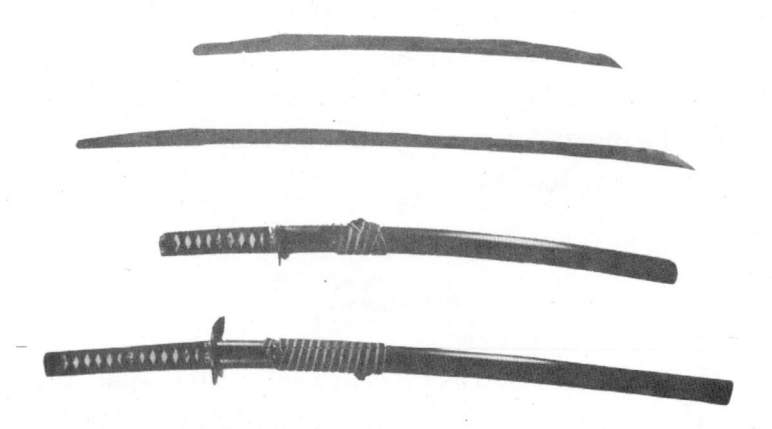

Espadas curta e longa, o conjunto de armas preferido pelos samurais. Há exemplares que, através de gerações, chegaram até nós em perfeitas condições de uso.

Apresentação

A armadura montada por volta de 1800, ainda com estilo do século XVI.

ferimento passou a ser bem menor. Os samurais praticavam com todos os tipos de arma: lança, espada, foicinha e outras. Muitas escolas, usando essas armas, sobrevivem de forma tradicional no Japão até hoje.

Para treinar em Kendo, o indivíduo deve subjugar o *self*, aceitar a dor da prática feroz e cultivar a mente plácida diante do perigo. O Caminho da Espada não significa apenas treinar esgrima, mas também viver segundo o código de honra da elite samurai. A arte da guerra era o espírito da vida diária do samurai, e ele podia enfrentar a morte como se fosse uma rotina doméstica. O significado da vida e da morte pela espada era refletido na conduta diária do japonês feudal, e aquele que desenvolvia a aceitação da morte a qualquer momento de sua rotina era um mestre da espada. Com o objetivo de atingir esse nível de compreensão, os homens da posteridade no Japão vêm seguindo as antigas tradições dos estilos de esgrima, e ainda hoje entregam a vida à prática de Kendo.

KENDO E ZEN

O Caminho da Espada é o ensinamento moral dos samurais, incentivado pela filosofia confucionista, que moldou o sistema Tokugawa, e pelo xintoísmo, religião nativa do Japão. Os tribunais de guerra do Japão do período Kamakura ao período Muromachi encorajavam o austero estudo Zen entre os samurais, que era intimamente ligado às artes de guerra. No Zen não há elaborações; ele visa diretamente a verdadeira natureza das coisas. Não existem cerimônias nem ensinamentos: a recompensa Zen é essencialmente pessoal. Iluminação, no Zen, não significa uma mudança de comportamento, mas sim uma percepção da natureza da vida comum. O ponto final é o começo e a grande virtude é a simplicidade. O ensinamento secreto da escola Kendo Itto Ryu, Kiriotoshi, é a primeira entre cento e poucas técnicas. É o ensinamento conhecido como "Ai Uchi", que significa golpear o oponente na hora em que ele golpeia você. É a alocação perfeita de tempo, é a ausência de ira. Significa tratar o inimigo como um convidado de honra. Significa também abandonar a própria vida ou eliminar o medo.

A primeira técnica é a última, o iniciante e o mestre comportam-se do mesmo jeito. O conhecimento é um círculo completo. O primeiro capítulo da obra de Musashi é a Terra, como base do Kendo e do Zen, e o último livro é o Vazio, que é a compreensão, que só pode ser expressa como o *nada*. Os ensinamentos do Kendo são como os ferozes ataques verbais a que o estudante Zen deve se sujeitar. Assaltado pela dúvida e pela dor, com a mente e o espírito tumultuados, o estudante é gradualmente conduzido pelo mestre à percepção e à compreensão. O estudante de Kendo pratica furiosamente milhares de golpes dia e noite, aprendendo técnicas violentas de horríveis combates, até a espada tornar-se "não espada" e a intenção tornar-se "não intenção", simplesmente conhecimentos espontâneos de todas as situações. O primeiro ensinamento elementar torna-se o mais alto conhecimento, e o mestre continua a praticar esse treino simples, sua prece de cada dia.

SOBRE A VIDA DE MIYAMOTO MUSASHI

Shinmen Musashi, No Kami Fujiwara, No Genshin, ou popularmente conhecido como Miyamoto Musashi, nasceu no vilarejo de Miyamoto, na província de Mimasaka, em 1584. "Musashi" é o nome de uma área a sudeste de Tóquio, e o adendo "No Kami" significa pessoa nobre da região, enquanto "Fujiwara" é o nome de uma família nobre e proeminente no Japão, que viveu há mais de mil anos.

Os ancestrais de Musashi pertenciam a uma ramificação do poderoso clã Harima, em Kyushu, a ilha sul do Japão. Hirada Shokan, seu avô, foi um partidário de Shinmen Iga Kami Sudeshige, o senhor do castelo Takeyama. Sudeshige nutria grande admiração por Shokan, que acabou desposando sua filha.

Quando Musashi tinha sete anos de idade, seu pai, Munisai, faleceu ou o abandonou – não se sabe ao certo. Como sua mãe também já havia falecido, Bem No Suke, como Musashi era chamado na infância, ficou sob os cuidados de um tio materno, um sacerdote. Essa era a situação de Musashi na época das campanhas de Hideyoshi para a unificação do país: filho de um samurai e órfão de pai e mãe, em uma terra infeliz e violenta.

Ele era uma criança exuberante, com uma vontade forte e fisicamente avantajado para a idade. Não se sabe se o tio o forçou a estudar Kendo ou se foi naturalmente atraído ao Kendo por causa de sua natureza, mas o fato é que Musashi matou um homem em um único combate quando tinha apenas treze anos. O adversário era Arima Kihei, um samurai da escola xintoísta Ryu, de artes militares, hábil

Apresentação

no manejo de espada e lança. O garoto jogou o homem ao chão e bateu-lhe na cabeça com uma vara, quando ele tentou se levantar. Kihei morreu vomitando sangue.

A próxima luta de Musashi ocorreu quando ele tinha dezesseis anos e nela derrotou Tadashima Akiyama. Nessa época, ele saiu de casa para iniciar a "Peregrinação do Guerreiro". Saiu vitorioso em inúmeras competições que o levaram à guerra seis vezes. Finalmente, aos cinquenta anos de idade, aquietou-se tendo chegado ao fim de sua busca pela razão.

Provavelmente muitos ronins percorreram o país em peregrinações semelhantes, alguns sozinhos, como Musashi, e outros mantidos por alguém, embora jamais em tão grande expedição quanto a do famoso espadachim Tsukahara Bokuden, que viajara com uma comitiva de mais de cem homens, no século anterior.

Essa parte da vida de Musashi foi passada distante da sociedade, tendo ele se dedicado ferozmente à busca da iluminação através do Caminho da Espada. Preocupado tão-somente em aperfeiçoar as próprias habilidades, Musashi viveu de uma maneira que nenhum homem precisava viver, vagando pelo Japão, fustigado pelos ventos frios do inverno, o cabelo sempre em desalinho, não se casou nem seguiu nenhuma profissão, ocupando-se somente com seus estudos. Diz-se que ele jamais entrou em uma banheira para não correr o risco de ser pego sem uma arma, e sua aparência era desleixada e suja.

Na batalha, Seri ga Hara, que resultou em Ieyasu como sucessor de Hideyoshi no xogunato, Musashi alistou-se no exército de Ashikaga para enfrentar Ieyasu. Ele sobreviveu aos três terríveis dias durante os quais setenta mil pessoas pereceram, e também ao massacre das tropas derrotadas.

Aos vinte e um anos, Musashi foi para Kioto, a capital. Ali se deu a cena de vingança contra a família Yoshioka. Os Yoshioka haviam sido instrutores de esgrima para a casa de Ashikaga por muitas gerações. Mais tarde, proibidos pelo senhor Tokugawa de ensinar Kendo, os Yoshioka se tornaram tintureiros, e ainda o são hoje em dia. Munisai, o pai de Musashi, fora convidado a ir a Kioto alguns anos antes pelo xogum Ashikaga Yoshioka. Munisai era um espadachim competente e um perito em "jitte", um tipo de cassetete de ferro com uma língua para bloquear o golpe da lâmina das espadas. Segundo uma história, Munisai enfrentou três membros da família Yoshioka, vencendo dois dos duelos; talvez isso explique em parte o comportamento de Musashi em relação àquela família.

Yoshioka Seijiro, o chefe da família, foi o primeiro a enfrentar Musashi, na região pantanosa fora da cidade. Seijiro portava uma espada verdadeira e Musashi, uma de madeira. Com um ataque furioso, Musashi derrubou Seijiro e pôs-se a bater-lhe violentamente. Os partidários levaram seu senhor para casa sobre um aparador de chuva e, de vergonha, ele cortou o coque de samurai.

Musashi permaneceu na capital e sua presença irritava profundamente os Yoshioka. O segundo irmão, Denshichiro, desafiou-o para um duelo. Como técnica militar, Musashi chegou atrasado ao duelo e, segundos depois do início da luta, quebrou o crânio do adversário com um golpe de sua espada de madeira. Denshichiro morreu imediatamente. A família anunciou outro duelo,

Apresentação

Musashi praticando esgrima com duas varas. Kuniyoshi, c. 1848.

dessa vez representada por Hanshichiro, o jovem filho de Seijiro, já campeão. Hanshichiro era apenas um garoto, ainda na adolescência. O local do duelo seria ao lado de um pinheiro adjacente aos campos de arroz. Musashi chegou ao encontro antes da hora e escondeu-se, esperando pelo oponente. O garoto chegou, formalmente vestido em trajes de luta, com um grupo de partidários bem armados, decididos a acabar com Musashi. Este, ainda escondido entre as sombras, esperou mais um pouco e, quando o grupo já o julgara um covarde que provavelmente resolvera sair de Kioto, apareceu repentinamente em meio aos homens e aniquilou o menino. Em seguida, usando as duas espadas, Musashi abriu caminho entre o grupo e fugiu.

Após esse terrível episódio, Musashi vagou pelo Japão, tornando-se uma lenda já em sua época. Seu nome é mencionado e histórias de sua proeza estão registradas em textos, diários, monumentos e na memória do povo de Tóquio a Kyushu. Participou de mais de sessenta competições antes de completar vinte e um anos, ganhando todas. O primeiro registro de suas lutas aparece em *Nitten Ki*, ou "A crônica dos dois céus", compilado por seus pupilos, uma geração depois de sua morte.

No ano do incidente Yoshioka, 1605, Musashi visitou o templo Hozoin, no sul da capital, onde lutou com Oku Hozoin, o pupilo sectário Nicherin do sacerdote Zen Hoin Inei. O sacerdote era um lanceiro, mas não era páreo para Musashi, que o derrotou duas vezes com sua espada curta de madeira. Musashi permaneceu no templo por algum tempo, estudando técnicas de luta e desfrutando as conversas com os sacerdotes. Ainda hoje, existe uma luta de

Apresentação

Musashi matando um dos dragões que infestavam as montanhas e os arredores de Echizen, províncias de Mino e Hida. (Kuniyoshi, c. 1834).

lança tradicional, praticada pelos monges de Hozoin. É interessante notar que antigamente a palavra "Osho", hoje "sacerdote", significava "professor de lança". Hoin Inei foi pupilo de Izumi Musashi no Kami, um mestre do Kendo xintoísta. O sacerdote usava lanças com lâminas cruzadas, que guardava em cavernas fora do templo e usava para combater incêndios.

Quando se encontrava na província de Iga, Musashi conheceu um exímio lutador de corrente e foicinha chamado Shishido Baikin. Enquanto Shishido agitava a corrente, Musashi lançou uma adaga no ar, perfurando-lhe o peito, e avançou para cima do oponente. Os pupilos de Baikin atacaram Musashi, que os rechaçou em quatro direções.

Em Edo, um lutador chamado Muso Gonosuke visitou Musashi, solicitando um duelo. Musashi estava cortando madeira para fazer um arco e, atendendo ao pedido de Gonosuke, levantou-se com a intenção de usar a vara de seu trabalho como espada. Gonosuke partiu violento para cima dele, mas Musashi foi mais rápido e atingiu-o na cabeça. Gonosuke foi embora.

Passando pela província de Izumo, Musashi visitou o senhor Matsudaira e pediu-lhe permissão para lutar contra seu perito em Kendo mais forte. A permissão foi concedida para que ele enfrentasse um lutador cuja arma era uma haste hexagonal de madeira, com mais de 2 metros de comprimento. A luta aconteceu no jardim da biblioteca do senhor. Musashi usou duas espadas de madeira. Perseguiu o samurai até os dois degraus da varanda da biblioteca, atingiu-o no rosto quando chegou ao segundo degrau e golpeou-o nos dois braços, fazendo o samurai se esquivar. Para a surpresa de todos os partidários que assistiam à luta, o senhor Matsudaira pediu a Musashi que o enfrentasse. Musashi o perseguiu da mesma maneira e, quando Matsudaira parecia ganhar terreno, desferiu um golpe conhecido como "corte de fogo e pedra" contra sua espada, partindo-a em duas. O senhor se curvou, mostrando reverência ao ser derrotado, e Musashi permaneceu com ele por algum tempo, sendo seu professor.

O duelo mais conhecido de Musashi foi no décimo sétimo ano de Keicho, 1612, quando esteve em Ogura, na província de Bunzen. Seu adversário foi Sasaki Kojiro, um jovem que desenvolvera uma forte técnica de esgrima conhecida como Tsubame-gaeshi, ou "vôo da andorinha", inspirada pelo movimento da cauda da andorinha em vôo. Kojiro era um partidário do senhor da província, Hosokawa Tadaoki. Através de Nagaoka Sato Okigawa, um dos partidários de Tadaoki que fora pupilo de seu pai, Musashi pediu ao senhor permissão para enfrentar Kojiro. A permissão foi concedida para que o duelo acontecesse às 8 horas da manhã seguinte, e o local seria em uma ilha a algumas milhas de Ogura. Naquela noite, Musashi saiu de seus aposentos e ficou na casa de Kobayashi Taro Zaemon. Isso gerou um rumor de que o medo da técnica refinada de Kojiro o fizera fugir. No dia seguinte, às 8 horas, Musashi não conseguiu acordar enquanto não foi formalmente chamado pelos oficiais reunidos na ilha. Ele se levantou, bebeu a água que lhe haviam trazido para lavar-se e tomou um barco para a praia. Enquanto Sato remava, Musashi amarrou uma tira de papel nas mangas de seu quimono e esculpiu uma espada de madeira utilizando o remo extra. Isso feito, ele se deitou para descansar.

O barco aproximou-se do local de combate, e Kojiro e os oficiais se surpreenderam ao ver a estranha figura de Musashi, com o cabelo desfeito e mal amarrado por uma toalha, saltar do barco brandindo uma longa espada de madeira e galgando as ondas até a praia, na direção do inimigo. Kojiro sacou a espada longa, cuja lâmina fina fora feita por Nagamitsu de Bizen, e jogou fora a bainha. "Você não precisa mais disso", disse Musashi, correndo com a espada presa ao flanco. Kojiro foi forçado a fazer o primeiro movimento e Musashi sacou sua arma improvisada, atingindo Kojiro na cabeça. Quando este caiu, sua espada, que havia cortado a toalha de Musashi, cortou também sua camisa. Musashi notou a condição de Kojiro e curvou-se perante os oficiais boquiabertos antes de correr de volta ao barco. Segundo algumas fontes, após ter matado Kojiro, Musashi depôs a espada-remo, recuou cambaleando, sacou suas duas espadas e brandiu-as sobre o inimigo caído, com um grito de vitória.

Foi mais ou menos nessa época que Musashi parou de usar espadas verdadeiras nos duelos. Ele era invencível e, a partir daquele momento, dedicou-se à busca da compreensão perfeita através do Kendo.

Em 1614 e também no ano seguinte, ele teve a oportunidade de mais uma vez experimentar guerra e sítio. Ieyasu sitiou o castelo de Osaka, onde os cidadãos que antes apoiavam a família Ashikaga insurgiam-se contra ele. Musashi se juntou às forças de Tokugawa nas campanhas de inverno e verão, dessa vez lutando contra aqueles de quem fora aliado quando jovem, em Seki ga Hara.

Segundo seus próprios escritos, ele só chegou a compreender estratégia aos cinquenta ou cinquenta e um anos, em 1634. Ele e seu filho adotivo Iori, uma criança desgarrada que conhecera na província de Dewa em uma de suas viagens, estabeleceram-se em Ogura naquele ano. Musashi nunca mais saiu da ilha de Kyushu. A casa de Hosokawa fora confiada ao centro de governo da província de Higo, o castelo Kumamoto, e o novo senhor de Bunzen era um Ogasawara. Iori foi empregado por Ogasawara Tadazane e, no posto de capitão do exército de Tadazane, lutou contra os cristãos na revolta em Shimawara de 1618, quando Musashi tinha cinquenta e cinco anos. Os senhores das províncias do sul sempre haviam sido antagonistas dos Tokugawa e instigavam intrigas com as potências estrangeiras e os japoneses cristãos. Musashi era membro da equipe de campo em Shimawara, onde os cristãos foram massacrados. Depois disso, Ieyasu fechou os portos do Japão para o intercâmbio estrangeiro, e assim permaneceram por mais de duzentos anos.

Depois de seis anos em Ogura, Musashi foi convidado para ficar com Churi, o senhor Hosokawa do castelo Kumanoto, como hóspede. Ficou alguns anos com o senhor Churi e passou esse tempo ensinando e pintando. Em 1643, aposentou-se e passou a viver como recluso em uma caverna chamada de "Reigendo". Ali, escreveu *Go Rin No Sho*, dedicado a seu pupilo Teruo Nobuyuki, poucas semanas antes de sua morte, no dia 19 de maio de 1645.

Entre os japoneses, Musashi é conhecido como "Kensei", ou seja, "Santo da Espada". *Go Rin No Sho* encabeça toda bibliografia sobre Kendo, sendo uma obra exclusiva entre os livros de arte marcial, pois trata tanto de estratégia de guerra quanto de métodos de combate corpo-a-corpo, exatamente da mesma maneira. O livro não é uma tese sobre estratégia, e sim, segundo as palavras do próprio Musashi, "um guia para homens que queiram aprender estratégia", sempre conduzindo o leitor até os conteúdos bem além da compreensão do estudante. Quanto mais se lê o livro, mais se descobre em suas páginas. É o último testamento de Musashi, a chave para o caminho que ele seguiu. Quando, aos vinte e oito ou vinte e nove anos, ele se tornou um forte lutador, não descansou e criou uma escola, viveu repleto de sucesso, mas devolveu o dobro de envolvimento com seus estudos. Em seus últimos dias, ele chegou a desprezar a vida de conforto com o senhor Hosokawa e foi morar sozinho em uma caverna nas montanhas, em profunda contemplação. O comportamento desse homem cruel e de vontade forte era evidentemente honesto e humilde.

Musashi escreveu: "Quando você atinge o Caminho da Estratégia, não haverá uma única coisa que não possa compreender" e "verá o Caminho em tudo". Realmente, ele se tornou um mestre de artes e ofícios. Produziu obras-primas de pintura e ilustrações a tinta, provavelmente mais estimadas pelos japoneses que os trabalhos de qualquer outro. Suas obras incluem corvos marinhos, garças, o deus xintoísta Hotei, dragões, pássaros e flores, pássaros em árvores secas, Daruma (Bodhidharma) e outros. Ele era um ótimo calígrafo, o que pode ser constatado em sua obra *Senki* (Espírito da Guerra), pertencente hoje a um colecionador particular. Uma escultura de Kwammon foi recentemente perdida. Ele fez duas obras em metal e fundou a escola de forjadores de espada, que assinavam "Niten". Diz-se que também escreveu poemas e canções, mas nenhum desses

Apresentação

Musashi viveu no Castelo Kumamoto (nesta foto restaurado) por muitos anos como convidado de Hokosawa.

trabalhos sobreviveu. Além disso, comenta-se que o xogum Iemitsu encomendou-lhe uma pintura do pôr-do-sol sobre o castelo Edo.

Suas pinturas, às vezes, trazem seu selo, "Musashi", ou o nome artístico "Niten". Niten significa "Dois Céus", que alguns acreditam representar sua atitude em relação ao combate, com uma espada em cada mão, erguidas acima da cabeça. Em alguns lugares, ele montou escolas conhecidas como "Niten Ryu", chamadas em outros locais de "Enmei Ryu" (círculo claro).

Ele escreveu: "Estude o Caminho de todas as profissões". É evidente que Musashi fez isso. Ele conferenciava não só com grandes espadachins, mas também sacerdotes,

*O Livro
dos Cinco Anéis*

Nos últimos dois anos de sua vida, Musashi viveu na caverna de Reigendo, onde dedicou-se exclusivamente a escrever *O Livro dos Cinco Anéis*.

Tradução da inscrição da sepultura de Musashi: "A tumba do professor Miyamoto Musashi".

estrategistas, artistas e artesãos, sempre ansioso para ampliar seus conhecimentos.

Musashi escreve a respeito dos vários aspectos do Kendo de maneira que um principiante tenha facilidade para estudar no nível iniciante, e para os mestres estudarem as mesmas palavras em um nível mais avançado. Isso se aplica não só à estratégia militar, mas a qualquer situação que exija o uso de planos e táticas. Os empresários japoneses têm usado o *Go Rin No Sho* como guia para a prática empresarial, realizando campanhas de venda como se fossem operações militares, usando os mesmos métodos estratégicos. Assim como Musashi parecia, ao mesmo tempo, um homem terrivelmente cruel e com ideais lógicos e honestos, um mundo de negócios, às vezes, dá a impressão de não ter consciência.

    O estudo de vida de Musashi é tão relevante hoje quanto o foi nos campos de batalha medievais, e aplica-se não só ao povo japonês, mas a todas as nações. A inspiração de Musashi pode ser resumida em "humildade e trabalho com afinco".

Apresentação

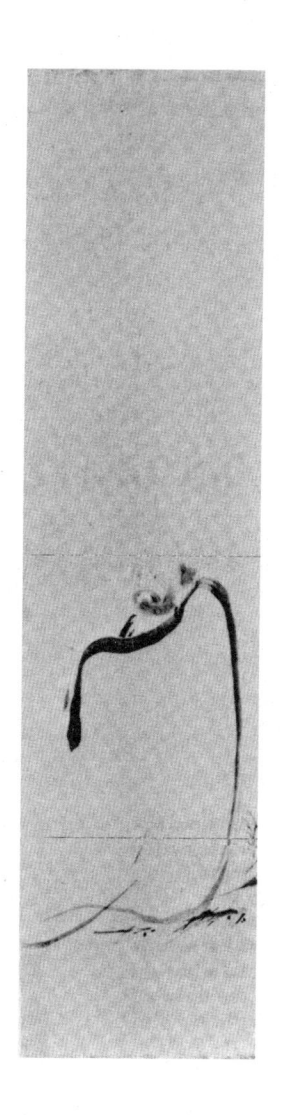

Musashi representou o espírito da guerra (Senki) com esta caligrafia, que significa: "A lua no riacho frio como um espelho".

Uma ilustração de Daruma (Bodidharma), a tinta sobre papel de Musashi.

INTRODUÇÃO

Por muitos anos venho me aperfeiçoando no Caminho[1] da Estratégia[2], chamado de Ni Tem Ichi Ryu, e hoje acredito que vou explicá-lo por escrito pela primeira vez. Estamos nos primeiros dez dias do décimo mês no vigésimo ano de Kanei (1645). Escalei a montanha Iwwato de Higo, em Kyushu, para homenagear o céu[3], rezar para Kwammon[4] e ajoelhar-me diante de Buda. Sou um guerreiro da província de Harima, meu nome é Shinmen Musashi No Kami Fuijwara No Genshin, e tenho 60 anos de idade.

---

1. Caminho: *O ideograma para Caminho ou Modo, em japonês, é equivalente à forma chinesa "Tao", e significa a vida total do guerreiro, sua devoção à espada, seu respeito às normas ditadas pelo confucionismo. Não é apenas um sistema de ética a ser seguido pelas classes sociais. É a estrada do cosmo, os vestígios sagrados de Deus apontando o Caminho.*
2. Estratégia: *"Heiho", palavra de origem chinesa que significa estratégia militar. Analisando separadamente, "Hei" significa soldado e "Ho" método ou forma.*
3. Homenagem ao céu: *Usamos "Ten" para nos referirmos à religião xintoísta. Xinto – uma palavra composta dos ideogramas "Kami" (Deus) e "Michi" (Caminho) – é a antiga religião do Japão. O xintoísmo prima pela grande variedade de santos, além dos primeiros deuses, os ancestrais da linhagem imperial.*
4. Kwammon: *Representa no Budismo o(a) Deus(a) da misericórdia.*

Desde a juventude, sinto meu coração inclinado para o Caminho da Estratégia. Meu primeiro duelo foi quando tinha apenas treze anos, e derrubei um estrategista da escola xintoísta, Arima Kihei[5]. Com dezesseis anos, derrubei um hábil estrategista, Tadashima Akiyama. Aos vinte e um, fui até a capital e conheci todos os tipos de estrategistas, sem jamais ter sido derrotado.

Depois disso, fui de uma província a outra, duelando com estrategistas de várias escolas e nunca sendo derrotado, embora tenha tido mais de sessenta encontros. Isso foi tudo entre a idade de treze e vinte e oito ou vinte e nove anos.

Quando cheguei aos trinta, comecei a examinar o meu passado. As vitórias anteriores não se deviam ao fato de eu ter dominado a estratégia. Talvez tenha sido uma habilidade natural ou o desejo dos céus; ou talvez, ainda, a estratégia ensinada nas outras escolas fosse inferior. Pus-me a estudar dia e noite, sempre em busca do princípio, e só compreendi o Caminho da Estratégia quando estava com cinquenta anos.

Desde então, tenho vivido sem seguir nenhum Caminho em particular. Assim, com a virtude da estratégia, pratico muitas artes e habilidades – tudo sem professor[6]. Para escrever este livro, não usei a lei de Buda nem os ensinamentos de Confúcio, tampouco recorri às antigas crônicas de guerra ou livros de arte marcial. Pego do pincel

---
5. Arima Kihei: *samurai morreu pelas mãos de Musashi, pertencia à escola xintoísta.*
6. Sem professor: *Musashi chegou a estudar várias artes em inúmeras escolas cujas tradições seguiam sistemas de graus, licenças e superioridade, sob a rígida burocracia Tokugawa, inspirada no confucionismo.*
7. Espírito: *"Shin" ou "Kokoro" são palavras traduzidas como "coração", "alma", ou "espírito". Podem também significar sentimento ou maneira. Sempre se diz que "a espada é a alma do samurai".*

Introdução

para explicar o verdadeiro espírito[7] desta escola Ichi, conforme refletido no Caminho do Céu e de Kwammon. É a noite do décimo dia do décimo mês, a hora do tigre[8] (3-5h da manhã).

---

8. A hora do tigre: *Anos, meses e horas tinham sua nomenclatura retirada do antigo calendário zodiacal chinês.*

Ideograma da terra

O LIVRO DA TERRA

Estratégia é a arte do guerreiro. Os comandantes devem ensinar a arte, e os soldados precisam conhecer esse Caminho. Não há um só guerreiro no mundo de hoje que realmente compreenda o Caminho da Estratégia.

Existem vários Caminhos. Há o Caminho da Salvação pela lei de Buda, o Caminho de Confúcio que governa o Caminho do Aprendizado, o Caminho da cura como médico, como poeta ensinando o Caminho de Waka[9], chá[10], arco e flecha[11], e muitas outras artes e habilidades. Cada homem pratica de acordo com sua inclinação.

---

9. Waka: *A palavra significa "Canção do Japão" ou "Canção em Harmonia", que designa o poema de trinta e duas sílabas.*
10. Chá: *A arte de beber chá seguia um ritual simples até hoje ensinado nas escolas. Ficou conhecido no Ocidente como o ritual do chá, feito basicamente por duas pessoas.*
11. Arco e flecha: *Assim como o chá e a espada, a arte do arco e flecha é praticada em um ritual. Foi a principal arma do samurai dos períodos Nara e Heian, sendo que, mais tarde, cedeu lugar à espada. Contudo, não perdeu sua importância cultural, aparecendo habitualmente nas ilustrações que representam o aparato portado pelos deuses. O Deus da Guerra, Hachiman, costuma ser representado como um arqueiro.*

Dizem que o Caminho do guerreiro é caminho da palavra (ou da pena) e da espada[12], e que ele deve apreciar ambas as coisas. Mesmo que um homem não possua nenhum talento natural, pode tornar-se um guerreiro se aderir assiduamente às duas divisões do Caminho. De modo geral, o Caminho do guerreiro é a aceitação resoluta da morte[13]. Embora não só guerreiros, mas também sacerdotes, mulheres, camponeses e indivíduos de classes inferiores tenham estado prontos para morrer no cumprimento dos deveres ou de vergonha, a situação é diferente. O guerreiro é diferente, pois seus estudos do Caminho da Estratégia baseiam-se em superar os homens. Através da vitória obtida ao cruzar espadas com indivíduos, ou ao nos engajar em batalhas, podemos adquirir poder e fama para nós mesmos e nosso senhor[14]. Essa é a virtude da estratégia.

O CAMINHO DA ESTRATÉGIA

Na China e no Japão, os praticantes do Caminho são conhecidos como "mestres da estratégia". Os guerreiros devem aprender esse Caminho.

---

12. A pena e a espada: *Este conceito determinava que a nobreza dominasse tanto a arte do combate com espadas quanto a leitura dos clássicos do período Tokugawa. "Bunbu Itchi" ou "Pena e espada juntas" era a filosofia de vida seguida pelos jovens pertencentes à nobreza.*
13. Aceitação resoluta da morte: *Essa ideia estava incutida no Caminho do guerreiro, que determinava como nobre aquele homem apto a corajosamente escolher o caminho da morte para obter o êxito. Falhar era considerado desonroso e até vergonhoso. Pode-se concluir que o maior ato de bravura que um guerreiro poderia alcançar era abdicar da vida para obter a vitória. Este deveria ser o grande ideal de um verdadeiro guerreiro.*
14. Nosso senhor: *Esta citação refere-se ao daimio, que empregava samurais para lutar por ele.*

Recentemente, têm surgido no mundo pessoas chamadas de estrategistas, mas no fundo não passam de esgrimistas. Os criados dos mausoléus de Kashima e Kantori[15], da província de Hitachi, receberam instruções dos deuses e construíram escolas baseadas nesses ensinamentos, viajando de país a país e instruindo os homens. Esse é o significado recente de "estratégia".

No passado, a estratégia aparecia entre as Dez Habilidades e as Sete Artes como uma prática benéfica. Era certamente uma arte; porém, como prática benéfica, não se limitava à esgrima. O verdadeiro valor da esgrima não pode estar confinado às técnicas do espadachim.

Se observarmos o mundo, veremos artes à venda. Os homens usam equipamentos para vender a si próprios. É como se a noz valesse menos que a flor. Nesse tipo de Caminho da Estratégia, tanto aqueles que ensinam quanto os que aprendem o caminho ocupam-se de exibir a técnica, tentando apressar o desabrochar da flor. Falam "Deste Dojo" e "Daquele Dojo"[16]. Estão à cata de lucros. Alguém afirmou uma vez: "A estratégia imatura é a causa do sofrimento". É verdade.

Há quatro Caminhos[17] que o homem deve percorrer na vida: como cavaleiro, fazendeiro, artesão e mercador.

O Caminho do fazendeiro: usando instrumentos de agricultura, ele vê da primavera ao outono, sempre de olho nas mudanças de estação.

---

15. Mausoléus de Kashima e Kantori: *O xintoísmo era uma religião ativa na vida diária, e os Deuses da Guerra sepultados em Kashima e Kantori ainda são invocados hoje em dia, como parte da prática diária da escola xintoísta. Muitas das antigas escolas — inclusive as de Kendo — estão soterradas na área de Kanto, não muito longe de Tóquio, onde os mausoléus de Kashima e Kantori ainda existem.*
16. Dojo: *"Dojo" significa "Lugar do Caminho", a sala onde estudavam-se as artes.*
17. Quatro Caminhos: *Uma referência às quatro classes sociais no Japão.*

O Caminho do mercador: o produtor de vinho obtém seus ingredientes e os ajunta para ganhar a vida. O Caminho do mercador é fazer lucro. Esse é o Caminho do mercador.
O Caminho do guerreiro e cavaleiro: carregando suas armas. O Caminho do guerreiro é dominar a virtude das armas. Se um cavaleiro não aprecia estratégia, também não apreciará o benefício das armas; portanto, não deve ele desenvolver um certo gosto pela questão?
O Caminho do artesão: o Caminho do marceneiro[18] é tornar-se proficiente no uso de suas ferramentas, primeiro para fazer planos realistas e, depois, para desempenhar o trabalho de acordo com o plano. É assim que ele passa a vida.
Esses são os quatro Caminhos do cavalheiro, do fazendeiro, do artesão e do mercador.

COMPARANDO O CAMINHO DO MARCENEIRO À ESTRATÉGIA

A comparação com a marcenaria é feita através das casas. Casas da nobreza, casas de guerreiros, as Quatro casas[19], casas em ruínas, casas prósperas, estilos de casa, a tradição da casa e o nome da casa. O marceneiro faz uma planta da construção e o Caminho da Estratégia é semelhante no sentido de também ter um plano de campanha. Se você quiser aprender a arte da guerra, reflita sobre este

---
18. Marceneiro: *"Marceneiro"* significa arquiteto e construtor, pois todas as construções no Japão, exceto as muralhas de alguns dos grandes castelos, eram de madeira na época do nascimento de Musashi.
19. Quatro Casas: *Havia quatro ramificações da família Fujiwara, que dominaram o Japão no período Heian, assim como há também quatro escolas diferentes de chá.*

livro. O professor é a agulha, o discípulo é o fio. Pratique constantemente.

Como o marceneiro encarregado da obra, o comandante deve conhecer as regras naturais, as regras do país e as regras da casa. Esse é o Caminho do capataz ou encarregado da construção.

O marceneiro encarregado deve conhecer a teoria arquitetônica de torres e templos, as plantas dos palácios, e deve empregar homens para erigir as casas. O Caminho do marceneiro encarregado é o mesmo que o Caminho do comandante de uma casa de guerreiros[20].

Na construção de uma casa, as madeiras são escolhidas. Para as colunas externas e visíveis, deve-se usar uma madeira boa, sem nós, de boa aparência. Já para as colunas internas, pode-se usar madeira boa, porém com pequenos defeitos. O melhor tipo de madeira, mesmo que seja um pouco fraca, deve ser usado para a entrada, os batentes, as portas e as portas corrediças[21], e assim por diante. Madeira forte, mesmo que cheia de nós, pode ser usada discretamente em construções. Já a madeira fraca e cheia de nós deve ser usada para andaime e, depois, servir de lenha.

O marceneiro encarregado distribui as tarefas entre seus homens de acordo com sua habilidade: construtores de piso, montadores de portas corrediças e lintéis, fixadores de teto etc. Os menos hábeis encarregam-se das traves do piso e outras tarefas menores, de natureza mais simples.

---
20. Casa do guerreiro: *As famílias de guerreiros que haviam controlado o Japão durante a Idade Média mantinham exércitos particulares, cada qual com seu comandante.*
21. Portas corrediças: *As construções japonesas faziam amplo uso de portas corrediças, paredes removíveis e venezianas de madeira que eram colocadas na frente das portas à noite ou quando o tempo estava ruim.*

Se o encarregado conhecer sua equipe e as limitações de cada um, o resultado final será bom.

O marceneiro encarregado, ou capataz, deve levar em conta as habilidades e limitações de seus homens, circulando entre eles e solicitando só o que for razoável. Deve conhecer o moral e o espírito dos homens, e encorajá-los sempre que necessário. É o mesmo princípio da estratégia.

O CAMINHO DA ESTRATÉGIA

Assim como o soldado da infantaria, o marceneiro afia as próprias ferramentas.[22] Leva sempre consigo sua caixa de ferramentas e trabalha sob a direção do capataz, que é o encarregado da obra. Faz uma coluna e os sustentáculos com um machado, usa a plaina para dar formas às tábuas do assoalho e às prateleiras, cuida bem do acabamento e faz os retoques necessários com o pleno potencial de suas capacidades. Essa é a arte dos marceneiros. Quando o marceneiro aperfeiçoa suas técnicas e compreende as medidas, pode se tornar o capataz.

O objetivo do marceneiro é possuir ferramentas que cortem bem para construir mausoléus[23], pranchas para escrita, mesas, lanternas de papel, tábuas para picar alimentos e tampas de vasos. Essas são as especialidades

---

22. Como o soldado..., o marceneiro afia as próprias ferramentas: *Hoje em dia, afiar e polir a espada japonesa é um trabalho feito somente por especialistas, mas talvez a arte tenha sido prática mais popular em épocas de guerra. Se uma espada for polida de maneira imperfeita e a superfície da lâmina não tiver a forma correta, mesmo que seja afiada, não cortará muito bem.*
23. Pequenos mausoléus: *Em toda casa japonesa há um pequeno mausoléu dedicado aos deuses do xintoísmo.*

do marceneiro. Para o soldado da infantaria, a situação é semelhante. Pense muito bem a respeito disso. O objetivo do marceneiro é que seu trabalho não fique irregular, que as juntas não estejam desalinhadas e que tudo seja muito bem planejado para que o resultado global seja bom, e não medido apenas por seções terminadas. Isso é essencial.

Se você quiser aprender esse Caminho, considere todas as coisas escritas neste livro, porém uma de cada vez. Faça bastante pesquisa.

RESUMO DOS CINCO LIVROS DESTE LIVRO DE ESTRATÉGIA

O Caminho é mostrado em cinco livros[24], tratando de aspectos diferentes. São eles Terra, Água, Fogo, Tradição (Vento)[25] e Vazio[26].

O escopo geral do Caminho da Estratégia, do ponto de vista de minha escola Ichi, é explicado no livro da Terra. É difícil enxergar o Caminho verdadeiro somente através da esgrima. Conheça as menores e as maiores coisas, as mais superficiais e as mais profundas. Como uma trilha reta mapeada no chão, o primeiro livro é chamado de livro da Terra.

---

24. Cinco livros: Go Rin No Sho *significa um livro de cinco anéis. Os "Go Dai" (Cinco Grandes) do Budismo são os cinco elementos que compõem o cosmo: terra, água, fogo, vento, vazio. Os "Go Rin" (Cinco Anéis) do Budismo são as cinco partes do corpo humano: cabeça, cotovelos esquerdo e direito e joelhos esquerdo e direito.*
25. Vento: *O ideograma japonês para "vento" é o mesmo utilizado para expressar "estilo".*
26. Vazio: *O "Vazio", ou o "Nada" é um termo Budista para a natureza ilusória das coisas terrenas.*

O segundo é o livro da Água. Tendo a água como base, o espírito se torna como ela. A água adota a forma do receptáculo; às vezes, é apenas um fiapo e outras vezes um mar revolto. A água tem uma cor azul-clara. Através da claridade, o livro da Água mostra os ensinamentos da escola Ichi.

Se você dominar os princípios da esgrima, quando derrotar um homem, estará derrotando todos os homens do mundo. O espírito de derrotar um indivíduo é o mesmo que derrotar dez milhões. O estrategista transforma as pequenas coisas em grandes, como fazer um grande Buda a partir de um modelo. Não posso escrever em detalhes como ocorre o processo. O princípio da estratégia é ter uma coisa, conhecer dez mil coisas. Os ensinamentos da escola Ichi estão descritos no livro da Água.

O terceiro livro é o do Fogo. É um livro sobre luta. O espírito do fogo é feroz, tanto o fogo pequeno como o grande; o mesmo ocorre com as batalhas. O Caminho das batalhas é o mesmo para combate corpo a corpo ou para lutas com dez mil indivíduos de cada lado. Você precisa compreender que o espírito pode tornar-se grande ou pequeno. O grande é facilmente perceptível, o pequeno já é mais difícil. Em suma, é difícil para um grande número de homens mudar de posição, por isso seus movimentos são previsíveis. Um indivíduo apenas pode facilmente mudar de ideia; portanto, seus movimentos são difíceis de prever. Você precisa compreender esse princípio. A essência do livro do Fogo é que você treine dia e noite para tomar decisões rápidas. Em estratégia, é necessário encarar o treinamento como parte da vida normal com seu espírito imutável. Por isso, as técnicas de combate são descritas no livro do Fogo.

Em quarto lugar vem o livro do Vento. Esse livro não diz respeito à minha escola Ichi, mas a outras escolas de estratégia. Quando digo "vento", refiro-me a tradições antigas ou atuais e a tradições familiares de estratégia. Assim, explico claramente as estratégias do mundo. Isso é tradição. É difícil você conhecer a si próprio se não conhecer os outros. Para todos os Caminhos, há interseções. Se você estudar um Caminho diariamente e seu espírito divergir, pode achar que está seguindo um bom Caminho; porém, objetivamente, não é o Caminho verdadeiro. Se estiver seguindo o Caminho verdadeiro e divergir um pouco, mais tarde a divergência será muito grande. Saiba disso. Outras estratégias passaram a ser consideradas como meros artifícios de esgrima, o que é compreensível. O benefício da minha estratégia, embora inclua esgrima, tem um princípio diferente. No livro do Vento, explico o significado de estratégia segundo os princípios de outras escolas.

Em quinto lugar, há o livro do Vazio. Uso o termo "vazio" para definir aquilo que não tem começo nem fim. Atingir esse princípio significa não atender o princípio. O Caminho da Estratégia é o Caminho da natureza. Quando você aprecia o poder da natureza, conhecendo o ritmo de qualquer situação, será capaz de atacar e derrubar o inimigo naturalmente. Tudo isso é o Caminho do Vazio. Pretendo mostrar como seguir o verdadeiro Caminho, em conformidade com a natureza, no livro do Vazio.

O NOME ICHI RYU NI TO
(UMA ESCOLA – DUAS ESPADAS)

Guerreiros, sejam eles comandantes sejam soldados, carregam duas espadas[27] presas ao cinto. No passado, elas eram chamadas de espada longa e espada; atualmente, são conhecidas como espada e espada companheira. O que deve ficar claro, porém, é que em nosso país um guerreiro deve sempre levar duas espadas no cinto. É o Caminho do guerreiro.

"Nito Ichi Ryu" mostra a vantagem do uso de ambas. A lança e a alabarda[28] são armas usadas ao ar livre.

Os estudantes do Caminho da Estratégia de escola Ichi devem treinar, desde o começo, com a espada e a espada longa em cada mão. Esta é uma verdade: quando você sacrifica a própria vida, deve fazer pleno uso de suas armas. É errado agir de outro modo e morrer sem tê-las sacado.

Se você empunha uma espada com as duas mãos, é difícil manejá-la livremente da esquerda para a direita; por isso, o meu método é carregar uma espada em cada mão. Mas isso não se aplica a armas grandes, como a lança ou a alabarda. É trabalhoso demais segurar uma espada com

---

27. **Duas espadas:** *Os samurais carregavam duas espadas presas ao cinto, com o lado afiado para cima, do lado esquerdo. A espada mais curta, também chamada de a companheira, ficava sempre com eles, enquanto a mais longa era usada somente fora de casa. Portanto, facilmente se identificava quando alguém pertencia à classe guerreira, já que pessoas de outras castas só tinham permissão de utilizar espadas contra salteadores.*
28. **Lança e alabarda:** *As mesmas técnicas usadas na luta de espada são reproduzidas na luta com lança ou alabarda. As lanças ficaram populares no período Muromachi, principalmente como armas para os grandes exércitos da infantaria comum. No período Tokugawa tornaram-se objetos de decoração para as procissões do daimio deixando ou retornando à capital, no período Tokugawa. A lança é usada para cortar e espetar, mas não é atirada no ar. A alabarda e outras armas semelhantes com lâminas curvas eram particularmente úteis contra cavalaria, ou usadas por mulheres na defesa de suas casas, em caso de ausência dos homens. Atualmente, esta arte é muito apreciada por mulheres.*

ambas as mãos, se você está a cavalo, ou correndo a pé em terrenos irregulares como pântanos, campos de arroz, solo pedregoso ou no meio de uma multidão. Segurar a espada longa com as duas mãos não é o Caminho verdadeiro, pois se você carrega arco, flecha ou outras armas com a mão esquerda, só dispõe de uma mão livre para a espada longa. Em combate, porém, se for difícil atingir o inimigo só com uma das mãos, use as duas. Não é difícil empunhar uma espada só com uma mão; o melhor modo de aprender isso é treinar com duas espadas longas, uma em cada mão. Pode parecer difícil no começo, mas tudo é difícil no começo. O arco é difícil de manejar, a alabarda é difícil de controlar, mas quando você se acostuma, seus movimentos tornam-se mais fortes. Quando se acostumar também a empunhar a espada longa, obterá o poder do Caminho e saberá manejá-la com maestria.

Como explicarei melhor no segundo livro, o da Água, não há uma maneira rápida de manejar a espada longa. A espada longa deve ser agitada com movimentos longos, e a companheira deve acompanhar de perto. Essa é a primeira coisa que você deve perceber.

De acordo com essa escola Ichi, você pode vencer com uma arma longa ou curta. Em suma, o Caminho da escola Ichi é o espírito da vitória, qualquer que seja o tamanho da arma. É melhor usar duas espadas do que uma, se você enfrenta um grupo e principalmente se pretende fazer prisioneiros.

Essas coisas não podem ser explicadas detalhadamente. A partir de uma coisa, saiba mil. Quando atingir o Caminho da Estratégia, não haverá uma única coisa que não seja capaz de ver. Estude com afinco.

O BENEFÍCIO DOS DOIS IDEOGRAMAS QUE SIGNIFICAM "ESTRATÉGIA"

Os mestres da espada longa são chamados de estrategistas. Quanto às outras artes militares, aqueles que dominam o arco e a flecha são conhecidos como arqueiros; os homens que manejam a lança são chamados de lanceiros; aqueles que manejam a arma de fogo[29] são atiradores peritos; os que usam a alabarda são alabardeiros. Não chamamos os mestres do Caminho da longa espada de "longos espadachins", nem de "espadachins companheiros". Arcos, flechas, armas de fogo, lanças e alabardas são equipamentos de todo guerreiro e, sem dúvida, fazem parte da estratégia. Dominar a virtude da espada longa, porém, é o poder de governar o mundo e a si próprio; portanto, a espada longa é a base da estratégia. O princípio é "estratégia por meio da espada longa". Se o homem desenvolve a virtude da espada longa, pode derrotar dez outros homens. Assim como um indivíduo pode derrotar dez, cem podem derrotar mil e mil, dez mil. Em minha estratégia, um homem é o mesmo que dez mil; por isso, essa estratégia é a arte do guerreiro completo.

O Caminho do guerreiro não inclui outros Caminhos, tais como Confucionismo, Budismo, certas tradições ou realizações artísticas, e dança[30]. Mas embora tais coisas não façam parte do Caminho, se você conhece o Caminho,

---

29. Arma de fogo: *A arma de fogo japonesa era um mosquete, introduzido no país pelos missionários, e permaneceu em uso até o século XIX.*
30. Dança: *Há várias formas de dança. Alguns festivais, como o da colheita, incorporam várias características locais de dança, com muita cor e animação, às vezes envolvendo um grande número de pessoas. Há o teatro Nô, no qual os atores usam movimentos estilizados; há também a dança do leque e as danças da espada.*

pode vê-lo em tudo. Os homens devem polir seu Caminho específico.

O BENEFÍCIO DAS ARMAS NA ESTRATÉGIA

Há uma hora e um lugar para o uso de armas. O melhor uso da espada companheira é em um espaço confinado, ou quando você está muito próximo do oponente. A espada longa pode ser usada com eficácia em todas as situações.

A alabarda é inferior à lança, no campo de batalha. Com a lança você toma a iniciativa; a alabarda é uma arma de defesa. Nas mãos de um homem entre dois de igual habilidade, a lança proporciona um pouco mais de força. Tanto a lança quanto a alabarda são úteis, mas nenhuma das duas é muito boa em espaços confinados. Não podem ser usadas para fazer prisioneiros. São essencialmente armas para o campo.

De qualquer forma, se você aprender técnicas de luta "em espaços internos"[31], pensará de maneira pequena e se esquecerá do Caminho verdadeiro. Assim, terá dificuldade em confrontos reais.

O arco é taticamente forte no início da batalha, principalmente em terrenos pantanosos, pois é possível atirar uma flecha rapidamente do meio dos lanceiros. Em sítios e cidades, entretanto, não é uma arma satisfatória; também não serve quando o inimigo se encontra a mais de quarenta

---

31. Técnicas de luta: *Os Dojos ficavam dispostos em lugares reservados, para que as escolas rivais não pudessem estudar as técnicas de combate. Por isso os rituais, executados com muita formalidade, eram feitos em recintos fechados.*

jardas de distância. Por esse motivo, hoje em dia existem poucas escolas tradicionais de arquearia. Na verdade, não é uma técnica de grande utilidade.

De dentro de uma fortificação, a arma de fogo é incomparável. É a arma suprema no campo antes do confronto direto de duas forças; porém, perde a utilidade, tão logo as lanças comecem a ser usadas.

Uma das virtudes do arco é que você pode ver as flechas em vôo e efetuar correções no seu alvo, enquanto o tiro de uma arma de fogo não pode ser visto. Compreenda a relevância desse fato.

Assim como um cavalo deve ser resistente e não apresentar nenhum defeito, o mesmo deve aplicar-se às armas. Os cavalos devem ser fortes, e as espadas longas e companheiras devem ter um poder de golpe forte. Lanças e alabardas precisam aguentar o uso pesado; arcos e armas de fogo devem ser resistentes. É mais importante que as armas sejam duras e fortes que decorativas.

Não tenha uma arma favorita. Familiarizar-se demais com uma arma é uma falha tão grande quanto não a conhecer bem. Não imite os outros, mas use armas que saiba manejar com facilidade. É ruim para comandantes e soldados ter preferências. Aprenda isso minuciosamente.

CONTROLE DE TEMPO NA ESTRATÉGIA

Em tudo deve haver controle de tempo. Na estratégia, o controle de tempo só pode ser dominado através de muita prática.

O tempo é importante na dança e na música de sopro ou de corda, pois só assim pode haver ritmo. O controle de tempo e o ritmo também estão presentes nas artes militares, no manejo do arco e da arma de fogo, e na cavalaria. Todas as habilidades e técnicas devem levar em conta esse importante fator.

Também existe o tempo no Vazio.

Existe o tempo na vida do guerreiro, na prosperidade e no declínio, na harmonia e nos desacordos. Da mesma forma, existe tempo no Caminho do mercador, na ascensão e queda da capital. Todas as coisas sobem e caem. Você precisa aprender isso. Em estratégia, há várias considerações temporais. Desde o início, você deve reconhecer a alocação de tempo aplicável e inaplicável, e dentre as coisas grandes e pequenas, maior ou menor tempo será gasto, levando-se em conta a distância e o ambiente. Esse é o principal ponto na estratégia. É particularmente importante conhecer o tempo do ambiente; do contrário, sua estratégia será incerta.

Você ganha batalhas com o controle de tempo no Vazio, surgido do conhecimento do tempo do inimigo, e, assim, planejando-se de maneira que o pegue de surpresa.

Os cinco livros tratam principalmente da questão do tempo. Treine muito até compreender esse conceito.

Se praticar dia e noite a estratégia Ichi antes mencionada, seu espírito se expandirá naturalmente. Assim são a estratégia em larga escala e a estratégia homem a homem, propagadas no mundo e registradas pela primeira vez nos cinco livros da Terra, Água, Fogo, Tradição (Vento) e Vazio. Este é o Caminho dos homens que desejam aprender minha estratégia:

1. Não pense desonestamente.
2. O Caminho está no treinamento.
3. Familiarize-se com todas as artes.
4. Conheça os Caminhos de todas as profissões.
5. Distinga entre ganho e perda nas questões mundanas.
6. Desenvolva julgamento intuitivo e compreensão de todas as coisas.
7. Note aquelas coisas que não podem ser vistas.
8. Preste atenção a tudo, mesmo aparentes baboseiras.
9. Não faça nada que não tenha utilidade.

É importante começar estabelecendo esses princípios gerais no coração, e treinar no Caminho da Estratégia. Se você não vir as coisas em uma larga escala, terá dificuldade para dominar a estratégia. Se aprender e obtiver essa estratégia, você jamais perderá uma luta, mesmo que enfrente vinte ou trinta inimigos. Desde o começo, fixe o coração em estratégia e permaneça fiel ao Caminho. Você logo será capaz de derrotar qualquer um e vencer com o olhar. Também, através do treinamento, você poderá controlar o próprio corpo à vontade, conquistar os adversários com ele e, adequadamente treinado, derrotará dez homens com a força de seu espírito. Isso, por acaso, não significa que você será invencível?

Além do mais, em estratégia a grande escala, o homem superior controla muitos subordinados com destreza, porta-se corretamente, governa o país e incentiva as pessoas, preservando, assim, a disciplina do governante. Se há um Caminho envolvendo o espírito de vitória, ajuda e honra, é o Caminho da Estratégia.

Segundo ano de Shoho (1645), quinto mês, décimo segundo dia.

Teruo Magonojo[32]
Shinmen Musashi

---

32. Teruo Magonojo: *Ou Teruo Nobuyuki, o pupilo a quem Musashi se dirigia em* O Livro dos Cinco Anéis.

Ideograma da água

O LIVRO DA ÁGUA

O espírito da escola de estratégia Ni Ten Ichi baseia-se na água, e este livro da Água explica métodos de vitória, como a forma da espada longa da escola Ichi. A linguagem não é capaz de explicar o Caminho detalhadamente, mas o significado pode ser compreendido de maneira intuitiva. Estude este livro, leia uma palavra e reflita. Se interpretar o significado levianamente, não acertará o Caminho.

Os princípios de estratégia são descritos aqui em termos de combate individual, mas você deve pensar no amplo, para desenvolver a compreensão de batalhas com dez mil homens de cada lado.

A estratégia é diferente das outras coisas, pois, se você cometer um pequeno erro no Caminho, ficará confuso e seguirá trilhas impróprias.

Se apenas ler o livro, não alcançará o Caminho da Estratégia. Absorva as coisas escritas neste livro. Não leia apenas, nem memorize tudo ou imite, mas estude o princípio com o coração, para incutir essas coisas no próprio corpo.

A RELEVÂNCIA ESPIRITUAL NA ESTRATÉGIA

Em estratégia, sua disposição espiritual não deve ser diferente da normal. Tanto em luta quanto na vida cotidiana, esforce-se para permanecer calmo. Aborde a situação sem ficar tenso, porém sempre alerta, e com o espírito apaziguado e imparcial. Mesmo que o espírito esteja calmo, não deixe o corpo relaxar; mas quando o corpo estiver relaxado, não amoleça o espírito. Não deixe o espírito ser influenciado pelo corpo, ou vice-versa. Controle os ânimos; não se permita extremos. Tanto em êxtase quanto em profunda tristeza, o espírito enfraquece. Evite os extremos. Não deixe o inimigo ver seu espírito.

As pessoas pequenas devem familiarizar-se completamente com o espírito das pessoas grandes, e as pessoas grandes devem familiarizar-se com o espírito das pessoas pequenas. Qualquer que seja o seu tamanho, não se deixe iludir pelas reações de seu corpo. Com o espírito aberto e irrestrito, olhe as coisas a partir de um ponto de vista alto. Cultive a sabedoria e o próprio espírito. Dê polimento à sabedoria: aprenda sobre a justiça, distinga entre o bem e o mal, estude os Caminhos de diferentes artes, uma por vez. Quando não puder mais ser enganado pelos outros homens, terá finalmente compreendido a sabedoria da estratégia.

A sabedoria da estratégia é diferente das outras coisas. No campo de batalha, quando se sentir encurralado, busque incessantemente os princípios da estratégia, desenvolvendo um espírito estável.

POSIÇÃO EM ESTRATÉGIA

Adote uma posição com a cabeça ereta, não olhando para baixo nem para cima, e não fique retorcido. A testa e o espaço entre os olhos não podem se enrugar. Não vire os olhos nem pisque, mas estreite-os levemente. Com o semblante composto, mantenha o contorno do nariz reto, com a sensação de dilatar levemente as narinas. Deixe a linha da nuca ereta, também instile vigor no próprio couro cabeludo e, da mesma forma, estenda o vigor a partir dos ombros para todo o corpo. Baixe os ombros e, sem projetar os glúteos para trás, coloque força nas pernas, começando nos joelhos e terminando nos artelhos. Proteja o abdome para não dobrar o corpo na região dos quadris. Prenda a espada companheira no cinto, contra o abdome, não deixando o cinto frouxo – isso é chamado de "calçar".

Em todas as formas de estratégia, é necessário manter a posição de combate na vida diária e fazer da posição diária a sua posição de combate. Pesquise tudo isso intensivamente.

A FORÇA DO OLHAR EM ESTRATÉGIA

O olhar deve ser abrangente e extenso. É o olhar que consiste em "Percepção e Visão". A primeira é forte, enquanto a segunda é fraca.

Na estratégia, é importante ver as coisas distantes como se estivessem próximas e observar de longe as coisas próximas. É importante conhecer a espada do inimigo e não se distrair com movimentos insignificantes produzidos por ela. Estude isso. A força do olhar é a mesma para combates individuais e estratégia em larga escala.

Na estratégia, é necessário a capacidade de olhar para os dois lados sem mover o globo ocular. Você não conseguirá dominar essa técnica rapidamente. Aprenda o que está escrito aqui: use o olhar em sua vida cotidiana e não o altere, independentemente do que acontecer.

EMPUNHANDO A ESPADA LONGA

Segure a espada longa com uma sensação de leveza entre o polegar e o indicador, não apertando nem afrouxando demais o dedo médio, e com os dois últimos dedos apertados. É ruim deixar a mão muito solta.

Quando você agita uma espada, deve ter o intento de atingir o inimigo. Quando o atingir, não mude a empunhadura nem deixe a mão "amolecer". Ao derrubar a espada do adversário, ou ao evitá-la ou forçá-la para baixo, você deve mudar ligeiramente a sensação entre o polegar e o indicador. Acima de tudo, lembre-se de que é preciso atingir o inimigo da maneira que se empunha a espada.

A empunhadura para combate e teste[33] é a mesma. Não existe uma "empunhadura para atacar".

Geralmente, não aprecio rigidez na espada nem na mão. Rigidez significa mão morta. A flexibilidade, por outro lado, é a mão viva. Lembre-se sempre disso.

---

33. Teste de espadas: *As espadas, testadas por profissionais altamente especializados, primeiro eram encaixadas em um suporte especial para então realizarem-se os testes nas lâminas com corpos, fechos de palha, armaduras, placas de metal, entre outros materiais.*

JOGO DE PÉS[34]

Com as pontas dos artelhos quase flutuando, calque o chão com os calcanhares. Se você for rápido ou lento, dando passos largos ou curtos, seus pés devem mover-se como se estivessem caminhando em ritmo normal. Não gosto dos três métodos conhecidos como "salto", "passo flutuante" e "passo fixo".

O "passo Yin Yang" é importante no Caminho e consiste em mover somente um dos pés da esquerda para a direita e vice-versa, ao atacar, recuar ou evitar um golpe. Não dê preferência sempre ao mesmo pé.

AS CINCO ATITUDES

As cinco atitudes são: Superior, Média, Inferior, Lado Direito e Lado Esquerdo. Mas, embora a atitude se subdivida em cinco, o propósito final de cada uma é atingir o inimigo. Só existem essas cinco atitudes, ou essas cinco subdivisões da Atitude.

Qualquer que seja a escolhida, não pense nela, mas concentre-se somente no ataque.

A sua atitude deve ser grande ou pequena, de acordo com a situação. As atitudes Superior, Média e Inferior são decisivas. As atitudes dos Lados Direito e Esquerdo são

---

34. Jogo de pés: *Variados métodos de movimento são usados em escolas diferentes. Musashi aconselha o equilíbrio de yin/yang no andar, o que significa dosar o feminino e o masculino, o escuro e o luminoso e assim por diante. Isto está bem explicado no capítulo dedicado ao elemento Vento em* O Livro dos Cinco Anéis. *As antigas escolas de jiutsu recomendam que o primeiro ataque seja feito com o lado esquerdo para a frente.*

fluídicas. Direita e esquerda devem ser usadas, se houver uma obstrução acima ou lateral. A decisão de usar esquerda ou direita dependerá do local.

A essência do Caminho é essa. Para entender a Atitude, você deve compreender, primeira e minuciosamente, a atitude Média, pois ela é o coração de todas. Se examinar a estratégia em larga escala, a atitude Média é o centro de poder do comandante, com as outras quatro seguindo suas ordens. Compreenda bem esse princípio.

O CAMINHO DA ESPADA LONGA

Conhecer o Caminho da espada longa[35] significa ser capaz de manejá-la com dois dedos. Se conhecermos bem o percurso da espada, poderemos usá-la com facilidade.

Se tentar brandir a espada longa rápido demais, você errará o Caminho. Para manejá-la bem, é preciso ter calma. Se agir com demasiada rapidez, como se estivesse segurando um leque[36] ou uma espada curta, estará usando a técnica de "corte da espada curta". Não conseguirá cortar um homem com a espada longa, se usar esse método.

Após ter desferido um golpe para baixo com a espada longa, levante-a imediatamente, deixando-a ereta; se golpear para um lado, volte pelo mesmo lado, com o movimento inverso, a uma distância razoável, estendendo bastante os

---
35. O Caminho da espada longa: *Um movimento natural da espada estava associado ao comportamento natural do samurai seguidor da ética Kendo. Portanto este caminho se referia tanto ao modo de vida do guerreiro, quanto ao percurso natural de uma lâmina.*
36. Leque: *Este objeto era usado por homens e mulheres nos meses de verão, sendo o dos oficiais armados feito de ferro.*

cotovelos. Agite a espada com força. Esse é o Caminho da espada longa.

Se aprender a usar as cinco abordagens de minha estratégia, você será capaz de manejar bem a espada. Treine constantemente.

AS CINCO ABORDAGENS

1. A primeira abordagem é a atitude Média. Enfrente o inimigo com a ponta de sua espada contra o rosto dele. Quando ele atacar, você deve forçá-lo a desviar a espada para a direita e "cavalgá-la". Ou, quando o inimigo atacar, rebata a ponta da espada dele, golpeando para baixo, mantenha sua espada longa onde ela está e, quando o adversário repetir o ataque, atinja-lhe o braço por baixo. Esse é o primeiro método. As cinco abordagens são assim. Treine repetidamente, usando uma espada longa para aprender todas as abordagens. Quando dominar meu Caminho da espada longa, será capaz de controlar qualquer ataque que lhe for desferido pelo inimigo. Eu lhe garanto que não existem outras atitudes além das cinco atitudes da espada longa de Ni To.
2. Na segunda abordagem com a espada longa, a partir da atitude Superior, atinja o inimigo assim que ele atacar. Se o inimigo evitar o golpe, mantenha a espada na posição em que ela estiver e, vindo por baixo, atinja-o quando ele repetir o ataque. É possível repetir o golpe desse ponto. Nesse método há várias mudanças em tempo e espírito. Você será capaz de compreender tudo, se treinar

na escola Ichi. Com os cinco métodos da espada longa, você sempre vencerá. Treine insistentemente.

3. Na terceira abordagem, adote a atitude Inferior, prevendo movimentos de baixo para cima. Quando o inimigo atacar, golpeie as mãos dele por baixo. Se, depois disso, ele tentar derrubar sua espada, golpeie-lhe o antebraço horizontalmente, com a sensação de um "cruzamento". Isso significa que, a partir da atitude Inferior, você golpeia o inimigo no instante em que ele o ataca. Esse método será visto com frequência, tanto na estratégia inicial quanto nas posteriores. Treine, segurando uma espada longa.

4. Nessa quarta abordagem, adote a atitude do Lado Esquerdo. Quando o inimigo atacar, golpeie-lhe as mãos por baixo. Se ele tentar derrubar sua espada, no momento em que você golpeia, barre o Caminho da Espada longa do adversário, cortando por cima de seu ombro. Esse é o Caminho da Espada longa. Através desse método, você vence bloqueando a linha de ataque do inimigo. Pesquise sobre o assunto.

5. Na quinta abordagem, a espada está posicionada no que eu chamo de atitude do Lado Direito. Respondendo ao ataque inimigo, cruze a espada longa num movimento de baixo para cima até a atitude Superior. Esse método é essencial para conhecer bem o Caminho da Espada longa. Se você conseguir usá-lo, manejará uma espada longa pesada com total destreza.

Não posso descrever detalhadamente como usar essas cinco abordagens. Você precisa acostumar-se muito bem com meu Caminho de "harmonia com a espada longa", aprender controle de tempo em larga escala, compreender a espada longa do inimigo e acostumar-se também com as cinco abordagens desde o início. Usando os cinco métodos, considerando as várias formas de controle de tempo para discernir o espírito do inimigo, você sempre vencerá. Reflita muito sobre isso.

O ENSINAMENTO SOBRE A "ATITUDE DE NÃO-ATITUDE"

A "atitude de não-atitude" significa que não há necessidade daquilo que chamamos de atitudes da espada longa.

Mesmo assim, as atitudes existem como os cinco modos de empunhar a espada longa. Qualquer que seja a maneira de segurar a espada, deve facilitar o golpe contra o inimigo de acordo com a situação, o lugar e sua relação com o inimigo. A partir da Atitude Superior, você pode gradualmente adotar a Média e, desta, erguendo a espada um pouco, a Superior. Começando pela atitude Inferior, você pode erguer a espada um pouco e adotar a Média, conforme as exigências da ocasião. Dependendo da situação, se você brandir a espada do Lado Esquerdo ou Direito em direção ao centro, o resultado será uma atitude Média ou Inferior.

Esse princípio é chamado de "Atitude Existente – Atitude Não-existente".

O principal objetivo de empunhar uma espada é atingir o inimigo, de uma forma ou de outra. Sempre que você bloquear, golpear, saltar, atingir ou tocar a espada do inimigo, deve usar os mesmos movimentos. É essencial dominar esse princípio. Se pensar somente em golpear, saltar, atingir ou tocar o inimigo, você não será capaz de derrotá-lo. Deve pensar no todo, utilizando naturalmente todos os movimentos até conseguir a vitória sobre o adversário. Estude o assunto e pesquise extensivamente.

A atitude na estratégia em larga escala é chamada de "Ordem de Batalha", e é essencial para vencer qualquer batalha. As formações fixas são indesejáveis. Estude isso.

GOLPEAR O INIMIGO "EM UM TEMPO"

"Em um tempo" significa que, quando você se engalfinha com o inimigo, o atinge tão rápida e diretamente quanto possível, sem mexer o corpo ou amolecer o espírito, no instante em que o adversário está indeciso. O momento de atingir o inimigo antes que ele possa retirar-se ou bloquear seus movimentos é o que chamo de golpear "em um tempo".

Você precisa treinar essa técnica de controle de tempo, para ser capaz de atingir o inimigo no momento exato.

O "ATAQUE DUPLO DO ABDOME"

Quando você atacar e o inimigo se retirar rapidamente, simule um novo golpe enquanto ele estiver tenso. Assim que relaxar, ataque de fato. Essa é a técnica do "ataque duplo do abdome".

É muito difícil dominar essa técnica simplesmente através da leitura deste livro, mas logo você a compreenderá, com um pouco de instrução e prática.

SEM PLANO, SEM CONCEPÇÃO[37]

Nesse método, quando o inimigo ataca e você resolve atacar também, use o corpo, o espírito e o Vazio com as mãos, acelerando com bastante força. Esse é o golpe chamado "sem plano, sem concepção".

É o método mais importante de atingir o inimigo, e é frequentemente usado. É preciso treinar muito para compreendê-lo.

O GOLPE DA ÁGUA

O "golpe da água" é usado quando você está em combate lâmina a lâmina com o inimigo. Quando ele interrompe e se retira rapidamente, tentando atacar com a espada longa, expanda seu corpo e espírito e golpeie-o tão lentamente quanto possível com a sua espada longa, acompanhando o corpo como água estagnada. Se aprender isso, seu golpe será certeiro. É preciso discernir o grau de precisão do inimigo.

GOLPE CONTÍNUO

Quando você e o inimigo atacam ao mesmo tempo, juntando as espadas, golpeie-lhe a cabeça, as mãos e as pernas, em uma única ação. O golpe em vários lugares com um único movimento da espada longa é chamado de

---

37. Sem plano, sem concepção: *"Munen Muso"*, ou a capacidade de agir com calma e naturalidade mesmo diante do perigo.

"golpe contínuo". Pratique-o, pois é bastante usado. Com afinco, você será capaz de compreendê-lo.

O GOLPE DE FOGO E PEDRAS

Esse golpe significa que, quando a espada longa do inimigo e a sua se juntam, você golpeia com toda a força, sem erguer a espada. O golpe é, portanto, desferido com as mãos, o corpo e as pernas – os três com igual força. Se treinar bastante, você conseguirá usá-lo.

O GOLPE DAS FOLHAS VERMELHAS

O golpe das folhas vermelhas[38] consiste em derrubar a espada longa do inimigo. Quando o inimigo estiver em atitude de longa espada, bem à sua frente e pronto para atacar, golpear e bloquear, você golpeia com força a espada dele, usando a técnica de fogo e pedras, talvez com o espírito de "sem plano, sem concepção". Se atingir a ponta da espada do inimigo provocando uma sensação de aderência, ele necessariamente a derrubará. Se você praticar esse golpe, conseguirá derrubar facilmente a espada inimiga. Treine repetidamente.

O CORPO NO LUGAR DA ESPADA LONGA

Ou "a espada longa no lugar do corpo". Geralmente, mexe-se o corpo e a espada ao mesmo tempo para atingir o

---

38. Golpe das folhas vermelhas: *Aqui Musashi deve estar se referindo às folhas secas caindo.*

inimigo. Contudo, dependendo do método de ataque do inimigo, você pode lançar-se contra ele usando o corpo primeiro, e depois a espada. Se o corpo do inimigo não estiver imóvel, você pode atacar primeiro com a espada, mas geralmente é feito o contrário. Pesquise e pratique bem essa técnica.

GOLPEAR E CORTAR

Golpear e cortar são duas coisas diferentes. Qualquer forma de golpear é decisiva, com um espírito resoluto. Já o corte nada mais é que tocar o inimigo. Mesmo que seja forte e o inimigo morra instantaneamente, ainda será um corte. Quando você golpeia, seu espírito está decidido. Entenda bem isso. Se, a princípio, você cortar as mãos ou as pernas do inimigo, prossiga para golpeá-lo com força. Em espírito, cortar é o mesmo que tocar. Quando você perceber isso, os dois serão indistintos. Aprenda bem.

CADINHO CHINÊS

O Cadinho chinês[39] é o espírito de não estender os braços. A ideia é entrar em ação rapidamente sem estender os braços o mínimo que seja, antes que o inimigo ataque. Se você se concentrar em não estender os braços, ficará a uma distância segura, e seu espírito partirá para a ação junto com o corpo. Quando se aproximar do inimigo, será fácil atacar com todo o corpo. Pesquise bem a questão.

---

39. Cadinho chinês: *Significa um cadinho armado com uma espada curta.*

EMULSÃO DE COLA E VERNIZ

O espírito de "emulsão de cola e verniz"[40] é grudar no inimigo e não largar dele. Quando se aproximar do inimigo, agarre-se firmemente com a cabeça, o corpo e as pernas. As pessoas tendem a avançar com a cabeça e as pernas rapidamente, deixando o corpo para trás. Agarre-se com firmeza para que não haja o menor espaço entre o corpo do inimigo e o seu. Considere isso com cuidado.

CONQUISTAR A ALTURA

"Conquistar a altura" significa que, quando você se engalfinha com o inimigo, se esforça para conquistar uma altura superior à dele. Estenda as pernas, os quadris e o pescoço, ficando cara a cara com ele. Quando sentir que está em posição mais alta, ataque com força e impulso. Aprenda isso.

APLICAR ADERÊNCIA

Quando o inimigo e você atacarem ao mesmo tempo com a espada longa, mova-se com uma sensação de aderência e fixe sua espada contra a dele, assim que ele desferir o golpe. O espírito da aderência não é golpear com força, e sim de uma maneira que as espadas longas não se separem facilmente. É melhor aproximar-se com a maior calma possível, se você usar o método da aderência. A diferença

---

40. Emulsão de cola e verniz: *O trabalho em verniz era usado no revestimento de móveis e utensílios domésticos, arquitetura, armas e armaduras.*

entre "Aderência" e "Embaraço" é que a primeira é firme e o segundo é fraco. Aprenda.

GOLPE DE CORPO

O golpe de corpo consiste em aproximar-se do inimigo quando este baixar um pouco a guarda. O espírito é atacá-lo com o seu corpo. Vire o rosto um pouco para o lado e golpeie o peito do inimigo com o seu ombro esquerdo. Aproxime-se com a ideia de derrubar o inimigo, golpeando com toda a força possível, no ritmo de sua respiração. Se desenvolver esse método de lançar-se sobre o inimigo, você será capaz de arremessá-lo a uns 6 metros de distância. É possível golpear o inimigo até matá-lo. Treine bastante.

TRÊS MODOS DE BARRAR O ATAQUE INIMIGO

Há três maneiras de barrar um golpe. A primeira é desviar a espada do inimigo para a sua direita, como se fosse golpeá-lo nos olhos. A segunda maneira de bloquear um golpe é forçar a espada do inimigo na direção do olho dele, com a sensação de roçar-lhe o pescoço. A terceira é, se você tiver uma "espada longa" curta, não se preocupar em bloquear a espada adversária e lançar-se sobre ele rapidamente, atingindo-lhe o rosto com a mão esquerda.

Esses são os três métodos de barrar o ataque inimigo. Você deve lembrar-se de que sempre pode cerrar o punho esquerdo e atingir o rosto do inimigo com ele. Para isso, é necessário muito treino.

ESPETAR O ROSTO

Espetar o rosto significa que, quando você estiver em confronto direto com o inimigo, seu espírito terá o objetivo de ferir-lhe o rosto, seguindo a linha das lâminas com a ponta de sua espada longa. Se quiser espetar o rosto do inimigo, o rosto e o corpo dele se tornarão vulneráveis. E um adversário vulnerável é fácil de derrotar. Concentre-se nisso: quando o corpo e o rosto do inimigo ficam vulneráveis, não se esqueça de espetar-lhe o rosto. Aprecie devidamente o valor dessa técnica através do treino.

ESPETAR O CORAÇÃO

Espetar o coração significa que, não havendo obstruções acima nem dos lados durante a luta, e sempre que for difícil golpear, você deve lançar-se contra o inimigo. Espete-o no peito, sem deixar a ponta de sua espada longa titubear, mostrando ao inimigo a borda da espada em cheio, e com a ideia de desviar a espada longa dele. O espírito desse princípio geralmente é útil quando você fica cansado ou a sua espada, por algum motivo, perdeu o corte. Compreenda muito bem a aplicação desse método.

BLOQUEIO VIOLENTO

Por "bloqueio violento", eu quero dizer o instante em que você e o inimigo batem as espadas ruidosamente, bloqueando o ataque dele em ritmo compassado e feroz, e você o golpeia. O espírito do bloqueio violento não é bloquear com força, mas desviar a espada inimiga de acordo com o golpe desferido por ela, com o objetivo primordial de atacar o inimigo rapidamente. Se você compreender o momento desse tipo de bloqueio, por mais violento que seja o choque das espadas, a ponta da sua não será empurrada para trás nem um pouco. Pesquise bastante até perceber isso.

HÁ MUITOS INIMIGOS

"Há muitos inimigos"[41] é o nome dado à situação em que você luta contra muitos homens ao mesmo tempo. Saque a espada e a espada companheira ao mesmo tempo e assuma uma atitude esquerda e direita, de movimento aberto. A ideia é perseguir os inimigos de um lado ao outro, mesmo que venham de todas as direções. Observe a sequência dos ataques e lance-se contra aqueles que atacarem primeiro. Percorra com o olhar os arredores, examinando cuidadosamente a sequência, e golpeie à esquerda e à direita alternadamente com as duas espadas. Não é bom esperar. Sempre reassuma rapidamente suas atitudes dos dois lados, golpeie os inimigos à medida que avançarem, massacrando-os na direção de onde atacam. Faça o que fizer, você deve ajuntar os inimigos, como se estivesse amarrando uma linha de

---

41. Inimigos: *Musashi é considerado o criador do estilo Duas Espadas. O uso de duas espadas deveria ser restrito a momentos em que se estava cercado de muitos inimigos. Esse estilo de esgrima é praticado com uma espada em cada mão, com óbvia vantagem prática. Ao se referir a todos os recursos disponíveis durante um combate, Musashi usava as palavras "duas espadas". Ele, porém, jamais usou duas espadas no confronto com um espadachim hábil.*

peixes; quando perceber que estão todos juntos, golpeie-os com força, sem lhes dar tempo para se mexer.

A VANTAGEM COMPETITIVA

Você pode vencer através de estratégia com a espada longa, mas isso não pode ser claramente explicado por escrito. Pratique com afinco, para compreender e vencer.

Tradição oral[42]: "O verdadeiro Caminho da Estratégia é revelado na espada longa".

UM ÚNICO GOLPE

Você pode seguramente vencer com o espírito de "um único golpe"[43]. É difícil chegar a isso, se você não aprender bem a estratégia. Se treinar bastante o Caminho, a estratégia virá de seu coração e você será capaz de vencer sempre. Esforce-se.

COMUNICAÇÃO DIRETA

O espírito da "Comunicação direta" é como o verdadeiro Caminho da escola Ichi é recebido e passado.

Tradição oral: "Ensine estratégia ao seu corpo".

---

42. Tradição oral: *Outras escolas Kendo também possuem tradições orais que contradizem os ensinamentos passados por meio das técnicas formais.*
43. Único golpe: *O que quer que seja isso, vale a pena observar o "Hitotsu Gachi" (Uma Vitória), a técnica Kiri Otoshi da escola Itto Ryu, na qual um golpe proporciona ao mesmo tempo ataque e defesa, derrubando a espada e o espírito do inimigo, e a técnica associada "Itchi no Tachi" (Espada Longa de Um) do estilo xintoísta.*

Registrado no livro acima está um esboço da escola Ichi de esgrima.

Para aprender a vencer com a espada longa, em estratégia, aprenda primeiro as cinco abordagens e as cinco atitudes, e absorva o Caminho da Espada longa naturalmente em seu corpo. Você deve entender a relação espírito/controle de tempo, manejar a espada longa com naturalidade e mover o corpo e as pernas em harmonia com o espírito. Derrotando um ou dois homens, você finalmente conhecerá os valores de estratégia.

Estude os conteúdos deste livro, item por item, e, ao enfrentar os inimigos, você gradualmente conhecerá o princípio do Caminho.

Deliberadamente, com paciência no espírito, absorva a virtude de todos esses princípios, às vezes erguendo a mão em combate. Mantenha esse espírito sempre que cruzar espadas com um inimigo.

Passo a passo, percorra a estrada de mil milhas.[44]

Estude a estratégia no decorrer dos anos e conquiste o espírito do guerreiro. Hoje é a vitória sobre o *você* de ontem; amanhã será a sua vitória sobre homens inferiores. Em seguida, se quiser derrotar homens mais habilidosos, treine segundo as orientações deste livro, não deixando o coração desviar para caminhos paralelos. Mesmo que mate um inimigo, se não for feito de acordo com aquilo que aprendeu, não será o verdadeiro Caminho.

Se você conquistar esse Caminho de vitória, será capaz de derrotar várias dezenas de homens. O que sobra

---
44. 1 milha = *1,6 Km*

é a habilidade na esgrima, que pode ser desenvolvida em batalhas e duelos.

Segundo ano de Shoho, décimo segundo dia do quinto mês (1645).

Teruo Magonojo
Shinmen Musashi

Ideograma do fogo

O LIVRO DO FOGO

Neste livro do Fogo, da escola Ichi de estratégia, eu descrevo a luta como fogo.

Em primeiro lugar, as pessoas não dão a consideração devida ao benefício da estratégia. Usando somente as pontas dos dedos, elas só conhecem o benefício de três das cinco polegadas do pulso. Resolvem uma contenda como se portassem leque, dependendo do comprimento do braço. Especializam-se na questão insignificante da destreza, aprendendo balelas como movimentos das mãos e pernas, treinando com espadas de bambu[45].

Em minha estratégia, o treinamento para matar inimigos é através de muitas disputas, luta pela sobrevivência, descoberta do sentido da vida e da morte, aprendizado do Caminho da Espada, julgamento de força de ataque e compreensão do Caminho da "borda e da espinha" da espada.

---

45. Espada de bambu: *Há espadas de treino de vários tipos na história do Kendo; algumas são feitas de lascas de bambu cobertas com pano ou pele.*

Você pode não se beneficiar de técnicas pequenas, principalmente quando usar a armadura completa[46]. Meu Caminho de Estratégia é o método seguro de vencer, quando você lutar pela vida contra cinco ou dez homens. Não há nada errado com o princípio "um homem pode derrotar dez, portanto dez podem derrotar mil". Pesquise sobre isso. Claro que não se podem ajuntar 1.000 ou 10.000 homens para treinamento diário. Mas você pode se tornar um mestre de estratégia, treinando sozinho com uma espada, para compreender os estratagemas do inimigo, sua força e seus recursos, e apreciar a correta aplicação da estratégia para derrotar dez mil inimigos.

Qualquer homem que queira dominar a essência de minha estratégia deve pesquisar diligentemente, treinando dia e noite. Só assim poderá polir a técnica, livrar-se do *self* e desenvolver uma habilidade extraordinária. Possuirá um poder milagroso.

Esse é o resultado prático da estratégia.

DEPENDENDO DO LUGAR

Examine seu ambiente.

Fique em pé, no sol, ou seja, assuma uma atitude com o sol atrás de você. Se a situação não permitir isso, tente posicionar-se com o sol à sua direita. No interior de uma casa, você deve colocar-se de modo que a entrada fique atrás ou à sua direita. Certifique-se de que suas costas estejam

---

46. Armadura completa: *São usadas as palavras "Roku Gu" (seis pedaços), referindo-se a um tipo de armadura que consiste em Cuiras, manoplas, mangas, cobertura para as coxas, ou, segundo outra tradição, armadura inteiriça, capacete, máscara, cobertura para as coxas, manoplas e cobertura para as pernas.*

desobstruídas e de ter espaço livre à esquerda, ocupando o lado direito com sua atitude de espada. À noite, se o inimigo puder ser visto, mantenha o fogo às costas e a entrada à direita, mas, de resto, assuma a atitude mencionada acima. Olhe de cima para o inimigo e assuma a atitude em locais ligeiramente mais altos. Por exemplo, o Kamiza[47] em uma casa é considerado um lugar alto.

Na hora da luta, faça o possível para conduzir o inimigo ao seu lado direito. Force-o a lugares difíceis e tente mantê-lo com as costas voltadas para esses lugares. Quando o inimigo ficar em posição inconveniente, não o deixe olhar em volta, mas persiga-o insistentemente até encurralá-lo. Dentro de uma casa, persiga-o até a entrada, os lintéis, as varandas, os pilares e assim por diante, não deixando que ele enxergue a situação.

Sempre force o inimigo a posições desfavoráveis, obstáculos laterais e assim por diante, usando as virtudes do lugar para estabelecer posições predominantes de onde lutar. Você deve pesquisar e treinar isso diligentemente.

OS TRÊS MÉTODOS DE ANTECIPAR-SE AO INIMIGO[48]

O primeiro é antecipar-se, atacando. É o método chamado de *Ken No Sen* (encurralar).

---

47. Kamiza: *É a residência do espírito ancestral de uma casa; o chefe da casa senta-se perto desse local, que geralmente é um recesso elevado na parede, contendo às vezes um pergaminho pendurado, uma armadura ou outro artigo religioso.*
48. Os três métodos de antecipar-se ao inimigo: *Um grande espadachim ou outro artista é aquele que domina a habilidade em antecipar-se ao inimigo. O grande espadachim está sempre "adiante" de seu ambiente. Isso não se refere à velocidade. Você não pode derrotar um bom espadachim, porque inconscientemente vê a origem de toda ação real.*

Outro método é antecipar-se ao inimigo quando ele o atacar, chamado de *Tai No Sen* (esperar pela iniciativa). O terceiro método é usado quando você e o inimigo atacam ao mesmo tempo, sendo chamado de *Tai Tai No Sen* (acompanhar e antecipar-se ao inimigo). Não há outras maneiras de ganhar a liderança além desses três métodos. E ganhar a liderança logo é uma das coisas mais importantes na estratégia, pois garante uma vitória rápida. Há vários fatores envolvidos na obtenção da liderança. Aproveite o que puder da situação, veja através do espírito do inimigo, compreendendo a estratégia dele e derrotando-o. É impossível escrever sobre isso em detalhes.

O PRIMEIRO – KEN NO SEN

Quando você decide atacar, mantenha-se calmo e lance-se rapidamente, antecipando-se ao inimigo. Ou avance com aparente violência, mas mantendo o espírito reservado, antecipando-se com cautela.

Alternativamente, avance com o espírito forte e, ao alcançar o inimigo, mexa os pés com um pouco mais de velocidade que o normal, desestabilizando-o e dominando-o.

Ou, com o espírito calmo, ataque com o sentimento de constantemente massacrar o inimigo. A ideia é vencer nas profundezas do inimigo.

Isso é *Ken No Sen*.

O SEGUNDO – TAI NO SEN

Quando o inimigo atacar, não se perturbe mas finja fraqueza. Quando ele o alcançar, mova-se repentinamente para longe dele, indicando que vai pular para o lado e, em seguida, percebendo que ele relaxa, lance-se atacando com toda a força. Ou, quando o inimigo atacar, você ataca com mais força ainda, aproveitando a desordem resultante da precipitação dele.

Esse é o princípio *Tai No Sen*.

O TERCEIRO – TAI TAI NO SEN

Quando o inimigo fizer um ataque rápido, ataque com força e calma, visando o ponto fraco dele e derrotando-o com destreza.

Ou, se o inimigo atacar com calma, observe os movimentos e, com o corpo como se estivesse flutuando, acompanhe-o quando se aproximar. Seja rápido e golpeie-o com força.

Isso é *Tai Tai No Sen*.

Essas coisas não podem ser explicadas em palavras. Você precisa pesquisar o que está registrado aqui. Nesses três modos de antecipar, é preciso julgar a situação. Isso não significa que você deva atacar primeiro; mas, se o inimigo o fizer, você poderá forçá-lo no sentido que desejar. Em estratégia, vence aquele que se antecipa ao inimigo; portanto, treine muito bem até dominar essa técnica.

SEGURAR O TRAVESSEIRO

"Segurar o travesseiro"[49] significa não deixar o inimigo levantar a cabeça.

---

49. Travesseiro: *Os samurais e as senhoras japonesas dormiam com a cabeça sobre um pequeno travesseiro de madeira moldado para acomodar o cabelo.*

Em disputas de estratégia, não é bom ser conduzido pelo inimigo. Você é quem deve conduzi-lo. Obviamente, o inimigo também pensa assim, mas não poderá antecipar seus movimentos, se você não deixar. Em estratégia, é preciso parar o oponente no momento em que ele tenta golpear; é preciso bloquear-lhe o ataque e desestabilizá-lo. Esse é o significado de "segurar o travesseiro". Quando você compreender esse princípio, qualquer coisa que o inimigo fizer na luta, você verá antecipadamente e bloqueará. A ideia é reprimir o ataque inimigo com a sílaba "*at*", o salto com a sílaba "*ju*", e o golpe com a sílaba "*cu*".

O importante na estratégia é reprimir as ações úteis do inimigo, mas permitir-lhe as ações inúteis. Isso é, no entanto, apenas defensivo. Primeiro, você deve agir de acordo com o Caminho, reprimir as técnicas do inimigo, arruinar-lhe os planos e dominá-lo diretamente. Quando você conseguir isso, será um mestre de estratégia. Treine bem e pesquise o princípio de "segurar o travesseiro".

A TRAVESSIA DO FOSSO

"Travessia do fosso" significa, por exemplo, atravessar um estreito marítimo ou um trecho de 160 km de mar aberto. Acredito que a "travessia do fosso" ocorra frequentemente na vida de um homem. Significa içar velas, ainda que seus amigos permaneçam no porto, conhecendo a rota, ciente da segurança de seu barco e das condições climáticas favoráveis. Quando todas as condições forem propícias e houver um vento favorável ou um vento de popa, ice as velas. Se o vento mudar a poucos quilômetros de seu destino, você terá de remar o resto do caminho, sem contar com as velas.

Se atingir esse espírito, ele se aplicará a sua vida diária. Pense sempre na travessia de um fosso.

Também em estratégia, é importante "atravessar o fosso". Reconheça as capacidades do inimigo e, conhecendo seus próprios pontos fortes, "atravesse o fosso" no ponto de maior vantagem, como um bom capitão atravessa um curso marítimo. Se for bem-sucedido ao atacar o ponto fraco do inimigo, coloque-se em posição de vantagem. É assim que se vence em estratégia em grande escala. O espírito de atravessar o fosso é necessário tanto na estratégia em longa quanto em pequena escala.

Você deve pesquisar isso muito bem.

RECONHECER O MOMENTO

"Reconhecer o momento" significa conhecer a disposição do inimigo na batalha. É vigorosa ou fraca? Observando o espírito dos homens do adversário e ficando na melhor posição, você pode calcular a disposição dele e dispor seus homens de acordo. Você pode vencer graças ao princípio da estratégia, lutando a partir de uma posição de vantagem.

Em um duelo, você deve antecipar-se ao inimigo e atacar após reconhecer a escola de estratégia dele, e avaliar a qualidade e os pontos fortes e fracos. Ataque de forma insuspeita, conhecendo os movimentos, a modulação e o controle de tempo do inimigo.

Reconhecer o momento significa que, se a sua habilidade for grande, você verá as coisas pelo prisma correto.

Se estiver em harmonia com a estratégia, reconhecerá as intenções do inimigo e terá muitas oportunidades de ganhar. Estude isso com muita dedicação.

PISAR NA ESPADA

"Pisar na espada" é um princípio frequentemente usado em estratégia. Primeiro, em estratégia em grande escala, quando o inimigo descarrega os arcos e armas de fogo, e depois ataca, é difícil revidar se você está ocupado colocando pólvora na arma ou preparando as flechas. A ideia é atacar rapidamente enquanto o inimigo ainda está atirando com arco ou arma. O espírito é vencer "pisando", quando você recebe o ataque do inimigo.

Em combate homem a homem, não é possível obter uma vitória decisiva golpeando na onda da espada longa inimiga. É preciso derrotá-lo no começo do ataque dele, calcando-o aos pés sem permitir que se levante novamente para atacar.

"Pisar", porém, não implica somente pisar com os pés. Pise com o corpo, o espírito e, claro, a espada longa. Você deve desenvolver o espírito de não permitir que o inimigo ataque uma segunda vez. Esse é o espírito da antecipação, em todos os sentidos. Uma vez no inimigo, você não pode ter como objetivo único apenas golpeá-lo, mas grudar-se a ele depois do ataque. Estude isso profundamente.

RECONHECER O "COLAPSO"

Tudo pode desabar. Casas, pessoas e inimigos desabam quando sua sustentação (ou ritmo) são afetados.

Na estratégia em grande escala, quando o inimigo começa a desabar, você deve persegui-lo sem perder essa chance. Se não aproveitar o colapso do inimigo, os homens dele poderão se recuperar.

Em combate homem a homem, o inimigo às vezes perde o controle de tempo e desaba. Se você perder essa oportunidade, ele poderá se recuperar e não ser tão negligente da próxima vez. Fixe o olhar no colapso e persiga-o, atacando de maneira que ele não possa se restabelecer. Você precisa fazer isso. O ataque persecutório é com um espírito forte. Derrube o inimigo com eficácia para que ele não recupere a posição. Compreenda como derrotar o adversário.

TORNAR-SE O INIMIGO

"Tornar-se o inimigo" significa imaginar-se na posição dele. No mundo, as pessoas costumam pensar que um ladrão preso em uma casa é um inimigo fortalecido. Se pensarmos, porém, em "nos tornarmos o inimigo", sentiremos que o mundo inteiro está contra nós e que não há escapatória. Aquele que está trancafiado é o faisão. O que entra para atacar é o falcão. Lembre-se disso.

Na estratégia em grande escala, as pessoas sempre têm a impressão de que o inimigo é forte, por isso tendem a ser cautelosas. Mas se você tiver bons soldados, se compreender os princípios da estratégia e se souber como derrotar o inimigo, não terá nada com que se preocupar.

Em combate homem a homem, imagine-se na posição do inimigo. Se pensar: "Aqui está um mestre do Caminho que conhece os princípios da estratégia", certamente você será derrotado. Considere isso com atenção.

LIBERAR QUATRO MÃOS

"Liberar quatro mãos"[50] é um método usado quando você e o inimigo se confrontam com o mesmo espírito e a questão não pode ser decidida. Abandone esse espírito e vença, através de um recurso alternativo.

Na estratégia em grande escala, caso se depare com um espírito de "quatro mãos", não desista – é a existência do homem. Imediatamente, jogue fora esse espírito e vença, usando uma técnica que o inimigo não espera.

Em combate homem a homem, quando você achar que caiu em uma situação de "quatro mãos", derrote o inimigo, mudando de ideia e aplicando uma técnica apropriada à condição dele. Você deve ser capaz de julgar quando isso é necessário.

MOVER A SOMBRA

"Mover a sombra" é usado quando você não pode ver o espírito do inimigo.

Na estratégia em grande escala, quando você não vê a posição do inimigo, indique que está prestes a atacar

---

50. Liberar quatro mãos: *"Yotsu te o hanasu"* – a expressão *"Yotsu te"* significa uma condição de entrelaçar com força os dois braços nos braços do inimigo, ou o que se chama de *"empasse"*. Também é um termo usado para descrever vários artigos com os quatro cantos unidos, como uma rede de pesca, e se referia ainda a um tipo de vestimenta feminina que consistia em um quadrado de pano preso às costas, passando por cima de cada ombro e abaixo dos braços, com um nó no peito.

com força para descobrir os recursos dele. Quando vê os recursos do inimigo, é fácil derrotá-lo usando um método diferente.

Em combate homem a homem, se o inimigo assumir uma atitude lateral ou atrás da espada longa, de modo que você não percebe a intenção dele, faça um ataque simulado e o inimigo lhe mostrará a espada longa, achando que vê seu espírito. Aproveitando-se daquilo que vê, você pode vencer com segurança. Se for negligente, perderá a oportunidade. Pesquise bem a questão.

SEGURAR A SOMBRA

"Segurar a sombra" é usado quando você pode ver o espírito atacante do inimigo.

Na estratégia em grande escala, quando o inimigo parte para o ataque, se você dá a impressão de que vai suprimir-lhe a técnica com força, ele mudará de ideia. Então, alterando seu espírito, derrote-o, antecipando os movimentos dele com o espírito do Vazio.

Ou, em combate homem a homem, segure, ou detenha, a intenção de força do inimigo com um controle de tempo adequado, e derrote-o antecipando os movimentos dele. Estude isso muito bem.

CONTÁGIO

Diz-se que muitas coisas são contagiosas. O sono, por exemplo; um bocejo. O tempo também pode ser contagioso.

Na estratégia em larga escala, quando o inimigo está agitado e mostra uma inclinação para a pressa, não se incomode. Demonstre total calma, e ele será contagiado, relaxando a guarda. Quando você vir que esse espírito foi transmitido, leve o inimigo à derrota, atacando com força no espírito do Vazio.

Em combate homem a homem, você poderá vencer se relaxar o corpo e o espírito, preparado para o momento em que o inimigo também relaxa, e atacar com força e rapidez, antecipando-se a ele.

O que chamamos de "embebedar uma pessoa" é um processo semelhante. Você também pode infectar o inimigo com um espírito despreocupado, descuidado ou fraco. Estude a respeito.

CAUSAR PERDA DE EQUILÍBRIO

Muitas coisas podem causar perda de equilíbrio. Uma delas é o perigo, outra é a dificuldade, e outra ainda é o elemento surpresa. Você deve pesquisar esse tema.

Na estratégia em grande escala é importante causar perda de equilíbrio. Ataque sem avisar, quando o inimigo não espera, e enquanto o espírito dele estiver indeciso, aproveite a vantagem e, assumindo a liderança, derrote-o.

Ou, em combate homem a homem, comece fazendo uma demonstração de lentidão e, de repente, ataque com força. Sem lhe dar espaço para respirar e recuperar-se da flutuação de espírito, você deve aproveitar a oportunidade de vencer. Pratique até sentir isso.

ASSUSTAR

O medo costuma ocorrer diante do inesperado. Na estratégia em grande escala, você pode assustar o inimigo não só com o que demonstra visualmente, mas também com gritos, ou fazendo uma contingência pequena parecer grande, ou ainda ameaçando-o a partir dos flancos, sem avisar. Tudo isso assusta muito. Você pode vencer aproveitando-se do ritmo apavorado do inimigo.

Em combate homem a homem, você deve usar a vantagem de pegar o inimigo desprevenido, assustando-o com o corpo, a espada longa ou a voz, e derrotá-lo. É importante pesquisar isso muito bem.

MERGULHAR

Quando tiver controle da situação, porém perceber que não pode avançar, "mergulhe" e torne-se um com o inimigo. Você poderá vencer se aplicar uma técnica apropriada enquanto ambos estiverem assim agarrados.

Em batalhas que envolvem grandes contingências, bem como em lutas com um pequeno número de homens, você pode vencer se souber "mergulhar" no inimigo, ao passo que, afastando-se, perderia uma boa chance. Pesquise bem a questão.

FERIR AS EXTREMIDADES

É difícil mover coisas fortes e pesadas com um empurrão direto, por isso você deve "ferir as extremidades".

Na estratégia em grande escala, vale a pena atacar as extremidades, ou os flancos, da força inimiga. Se as extremidades caírem, o espírito do todo também cairá. Para derrotar o inimigo você precisa dar prosseguimento ao ataque, uma vez que as extremidades tenham sido subjugadas.

Em combate homem a homem, é fácil vencer quando o inimigo cai. Isso acontece quando você fere as "extremidades" do corpo dele, enfraquecendo-o. É importante saber quando fazer isso, portanto pesquise.

CAUSAR CONFUSÃO

Essa técnica significa fazer o inimigo perder o poder de resolução.

Na estratégia em grande escala, podemos usar nossas tropas para confundir o inimigo em campo. Observando o espírito do inimigo, podemos forçá-lo a pensar: "Aqui? Ali? Desse jeito? Daquele jeito? Devagar? Rápido?" A vitória é certa quando o inimigo for pego em um ritmo que lhe confunda o espírito.

No combate homem a homem, podemos confundir o inimigo atacando com várias técnicas, sempre que surgir a chance, simulando ataques ou golpes, fazendo-o pensar que vamos nos agarrar a ele e, quando estiver confuso, a vitória é fácil.

Essa é a essência da luta, e você precisa estudá-la profundamente.

OS TRÊS GRITOS

Os três gritos são divididos da seguinte maneira: antes, durante e depois. Grite conforme a situação. A voz é um elemento da vida. Gritamos diante do fogo, do vento e das ondas. A voz mostra energia.

Na estratégia em grande escala, no início da batalha podemos gritar o mais alto possível. Durante a luta, mantemos a voz baixa, gritando no momento de atacar. Depois da contenda, damos o grito da vitória. Esses são os três gritos.

Em combate homem a homem, podemos dar a impressão de que vamos desferir um golpe e gritar "Ei!" ao mesmo tempo, para distrair o inimigo; então, na onda do grito, atacamos com a espada longa. Gritamos depois de derrubar o inimigo para anunciar a vitória. Isso é chamado de *sen go no koe* (voz antes e depois). Não se grita e brande a espada simultaneamente. O grito durante a luta é para entrar no ritmo. Pesquise isso com afinco.

INFILTRAR

Em batalhas, quando os exércitos se enfrentam, ataque os pontos fortes do inimigo e, quando vir que os homens dele estão esgotados, separe os seus rapidamente e ataque outro ponto forte, na área periférica da força inimiga. O espírito desse método é como uma trilha que serpenteia até a montanha.

Esse é um método importante de luta para um homem contra muitos. Ataque os inimigos em um quadrante, ou force-os para trás; em seguida, use o tempo para atacar outros pontos fortes à direita e à esquerda, como uma trilha serpenteando montanha acima, avaliando sempre a disposição dos inimigos. Quando conhecer o nível dos inimigos, ataque com força sem o menor traço de um espírito batendo em retirada.

Em combate homem a homem, use o mesmo espírito para lidar com os pontos fortes do inimigo.

O que quero dizer aqui com "infiltrar" é o espírito de avançar e misturar-se com o inimigo, sem recuar um único passo. Você precisa compreender esse princípio.

ESMAGAR

Significa esmagar o inimigo, considerando-o fraco.

Na estratégia em longa escala, quando vemos que a contingência inimiga é constituída de poucos homens, ou há muitos homens mas o espírito do líder é fraco e desorientado, puxamos-lhe o capacete sobre os olhos, esmagando-o completamente. Se o golpearmos levemente, ele poderá se recuperar. É imprescindível que você compreenda o espírito de esmagar.

Em combate homem a homem, se o inimigo for menos habilidoso que você, se o ritmo dele for desorganizado ou demonstrar uma atitude evasiva ou de retirada, devemos esmagá-lo imediatamente, sem nos preocupar com a proximidade e sem lhe dar tempo para respirar. Isso é essencial. O principal, aqui, é não deixá-lo recuperar a posição. Pesquise isso a fundo.

A MUDANÇA "MONTANHA-MAR"

O espírito "montanha-mar" significa que não é bom repetir a mesma coisa várias vezes na luta contra o inimigo. Às vezes, repetir determinada técnica é inevitável, mas não a use uma terceira vez. Se fizer um ataque e falhar, será pequena a possibilidade de sucesso em outra tentativa igual. Se tentar uma técnica duas vezes sem sucesso, mude radicalmente o método de ataque.

Se o inimigo pensar em montanha, pense em mar, ataque como o mar; se ele pensar em mar, ataque como as montanhas. Estude esse conceito.

PENETRAR AS PROFUNDEZAS

Mesmo se no meio de uma luta percebermos que o inimigo pode ser derrotado na superfície com o benefício do Caminho, se o espírito dele ainda não estiver combalido, poderá se recuperar. Com esse princípio de "penetrar as profundezas", podemos destruir o espírito do inimigo, desmoralizando-o completamente, se mudarmos nosso espírito. Isso ocorre com frequência.

Penetrar as profundezas significa penetrar com a espada longa, o corpo e o espírito. Isso não pode ser compreendido em uma generalização.

Quando tivermos esmagado o inimigo nas profundezas, não haverá necessidade de mantermos nosso espírito alerta. Do contrário, sim. Se o inimigo permanecer com o espírito alerta, será muito difícil esmagá-lo. Você precisa treinar esse princípio tanto para estratégia em grande escala quanto para combates homem a homem.

RENOVAR

"Renovar" aplica-se em uma luta na qual o espírito se engalfinha e não há uma resolução aparente. Devemos, então, abandonar os esforços, pensar na situação com o espírito renovado e vencer usando um novo ritmo. Renovar, quando nos encontramos em um impasse com o inimigo, significa que, sem mudar as circunstâncias, mudamos o espírito e vencemos com uma técnica diferente.

É necessário considerar a maneira como "renovar" também se aplica à estratégia em grande escala. Pesquise com afinco.

CABEÇA DE RATO, PESCOÇO DE BOI

"Cabeça de rato e pescoço de boi" significa que, quando se enfrenta o inimigo e ambos se ocupam de pontos pequenos em um espírito engalfinhado, se deve pensar no Caminho da Estratégia como sendo ao mesmo tempo a cabeça de um rato e o pescoço de um boi. Sempre que se preocupar com pequenos detalhes, deve-se mudar subitamente para um espírito grande, alternando grande com pequeno.

Essa é uma das essências das estratégias. É necessário que o guerreiro pense nesse espírito em tudo na vida. Você não pode esquecer-se dele, quer em estratégia em grande escala, quer em combate homem a homem.

O COMANDANTE CONHECE AS TROPAS

"O comandante conhece as tropas" é sempre aplicável em lutas, de acordo com o meu Caminho da Estratégia. Usando a sabedoria da estratégia, pense nas tropas do inimigo como se fossem as suas. Assim, poderá conduzir o inimigo à vontade e persegui-lo. Você se torna o general e o inimigo é a tropa. Domine esse método.

LARGAR O CABO

Há várias formas de espírito envolvidas em "largar o cabo".

Há o espírito de vencer sem uma espada, e o espírito de empunhar a espada longa sem vencer. Os vários métodos não podem ser detalhados por escrito. É preciso treinar bem.

O CORPO DE UMA ROCHA[51]

Quando você tiver dominado o Caminho da Estratégia, poderá repentinamente fazer seu corpo ficar como uma rocha, e dez mil coisas não poderão tocá-lo. Esse é o "corpo de uma rocha".

Nada poderá movê-lo. Tradição oral.

---

51. Corpo de rocha: *Isso está registrado no* Terao Ka Ki, *a crônica da casa de Terao. Certa vez, um senhor perguntou a Musashi "O que é esse corpo de uma rocha?" Musashi replicou: "Por favor, chame meu pupilo Terao Ryuma Suke". Quando este apareceu, Musashi ordenou-lhe que se matasse, cortando o abdome. Quando Terao começava a fazer o corte, Musashi impediu-o e disse ao senhor: "Este é o 'Corpo de uma Rocha'".*

O que está registrado acima é o que sei sobre a escola Ichi de esgrima e que vive em minha mente. Esta é a primeira vez que escrevo sobre minha técnica, e a sequência está um pouco confusa. É difícil expressar tudo de maneira perfeitamente clara.

Este livro é um guia espiritual para o homem que deseja aprender o Caminho.

Meu coração inclina-se para o Caminho da Estratégia desde os tempos de minha juventude. Dediquei-me a treinar minha mão, condicionar o corpo e desenvolver muitas atitudes espirituais de esgrima. Se observarmos homens de outras escolas discutindo teorias e concentrando-se em técnicas com as mãos, ainda que pareçam peritos, não possuem o menor espírito verdadeiro.

Claro, homens que estudam dessa forma pensam que estão treinando o corpo e o espírito, mas na verdade isso é um obstáculo ao verdadeiro Caminho, cuja má influência permanece para sempre. É por isso que o verdadeiro Caminho da Estratégia está se tornando decadente e morrendo.

O verdadeiro Caminho da esgrima é a arte de derrotar o inimigo em uma luta, e nada além disso. Se você obtiver e aderir à sabedoria de minha estratégia, jamais duvidará de que pode vencer.

Segundo ano de Shoho, quinto mês, décimo segundo dia (1645).

Teruo Magonojo
Shinmen Musashi

Ideograma do vento

O LIVRO DO VENTO

Em estratégia, você deve conhecer os Caminhos das outras escolas, por isso escrevi sobre várias outras tradições de estratégia neste livro do Vento.

Sem o conhecimento dos Caminhos das outras escolas, é difícil compreender a essência de minha escola Ichi. Observando outras escolas, descobrimos algumas que se especializam em técnicas de força usando espadas extra longas. Algumas escolas estudam o Caminho da espada curta, conhecido como Kodachi. Algumas ensinam destreza em um grande número de técnicas de espada, ensinando atitudes da espada como a "superfície" e o Caminho como o "interior".

Que nenhum desses métodos é o verdadeiro Caminho, eu deixo bem claro no decorrer deste livro – todos os defeitos e virtudes, o certo e o errado. Minha escola Ichi é diferente. Outras escolas vivem dos lucros de suas realizações, cultivando flores e colorindo artigos decorativos para vender. Definitivamente, esse não é o Caminho da estratégia.

Alguns dos estrategistas do mundo preocupam-se somente com a esgrima em si, e limitam o treinamento ao manejo da espada longa e à postura do corpo. Mas será que só a destreza basta para vencer? Essa não é a essência do Caminho.

Registrei neste livro os pontos insatisfatórios de outras escolas um por um. Você deve estudar essas questões profundamente para apreciar o benefício de minha escola Ni To Ichi.

OUTRAS ESCOLAS USANDO ESPADAS EXTRA LONGAS

Algumas escolas apreciam o uso de espadas extra longas. De meu ponto de vista sobre estratégia, elas devem ser escolas muito fracas, pois não ensinam o princípio de derrubar o inimigo a qualquer custo e por qualquer meio. A preferência delas é a espada extra longa e, contando com a virtude do comprimento, pensam em derrotar o inimigo de uma certa distância.

Neste mundo dizem que "um centímetro dá vantagem à mão", mas essas são as palavras irresponsáveis daqueles que não sabem estratégia. Revela a estratégia inferior de um espírito fraco, ensinando que os homens devem depender do comprimento da espada, lutando a partir de uma distância sem o benefício da estratégia.

Imagino que haja um bom motivo para essas escolas gostarem tanto da espada extra longa como parte de sua doutrina, mas, se pensarmos na vida real, é inverossímil.

Certamente não precisamos ser derrotados, se usarmos uma espada curta e não tivermos uma espada longa.

É difícil para essas pessoas derrubar o inimigo de perto por causa do comprimento da espada. O caminho da lâmina é largo e a espada longa torna-se um verdadeiro obstáculo, deixando o portador em desvantagem perante o outro homem, armado com uma espada companheira curta.

Desde tempos remotos, essas palavras são conhecidas: "Grande e pequeno caminham juntos". Por isso, não vá incondicionalmente desgostar da espada extra longa. O que eu critico é a inclinação para o uso dela. Se considerarmos estratégia em grande escala, podemos pensar em grandes contingências em termos de espadas longas, e pequenas portando espadas curtas. Não podem poucos homens enfrentar muitos? Há vários exemplos históricos de um número pequeno de guerreiros derrotando números maiores.

A sua estratégia não tem validade se, ao ser convocado para lutar em um espaço confinado, seu coração inclinar-se para a espada longa ou, em uma casa, armar-se apenas com a espada companheira.

Em minha doutrina, não aprecio um espírito estreito e preconceituoso. Estude isso com atenção.

O ESPÍRITO FORTE DA ESPADA LONGA EM OUTRAS ESCOLAS

Não se deve pensar na espada longa como sendo forte ou fraca. Se você empunhar a espada longa com um espírito forte, seu golpe será rústico, mas se usar a espada rusticamente, terá dificuldade para vencer.

Se você se preocupar com a força da espada, tentará golpear com uma força injustificável e não conseguirá fazer nada. Também não é bom tentar o golpe com muita força na hora de testar a espada. Sempre que você e o inimigo cruzarem as espadas, não pense em desferir-lhe um golpe forte ou fraco; pense simplesmente em atacá-lo e matá-lo. Concentre-se em matar o inimigo. Não tente golpear com força e, claro, nem pense em desferir um golpe fraco. Concentre-se única e exclusivamente em aniquilar o inimigo.

Se contar com a força, quando atingir a espada do adversário, inevitavelmente aplicará força demais. Se fizer isso, a sua espada também será afetada pelo impacto. Portanto, o ditado "a mão forte vence" não tem o menor sentido.

Em estratégia em grande escala, se você tiver um exército forte e contar com a força para vencer, mas o inimigo também tiver um exército forte, a batalha será feroz. O mesmo se aplica para o outro lado.

Sem o princípio correto, não se ganha uma luta.

O espírito de minha escola é vencer através da sabedoria da estratégia, não prestando atenção a banalidades. Estude isso.

USO DA ESPADA UM POUCO MENOS LONGA EM OUTRAS ESCOLAS

Esse não é o verdadeiro Caminho para vencer.

Antigamente, *tachi* e *katana* significavam espada longa e curta. Homens de força superior podem empunhar uma espada longa com delicadeza; portanto, não há motivo para a preferência por uma espada curta. Tais homens também usam o comprimento das lanças e alabardas. Alguns usam uma espada um pouco menos longa com o intuito de saltar e espetar o inimigo em um momento de baixa guarda, quando ele está brandindo a espada. Mas essa inclinação é ruim.

Visar o momento de baixa guarda do inimigo é uma técnica completamente defensiva e indesejável em proximidade. Além disso, não se pode usar o método de saltar para dentro da defesa inimiga, se o número de contingentes for grande. Alguns homens acham que, se enfrentarem muitos inimigos com uma espada menos longa, podem atacar sem restrição de um lado para outro, mas precisam bloquear golpes continuamente e acabam se engalfinhando com o inimigo. Isso é inconsistente com o verdadeiro Caminho da Estratégia.

O Caminho certo é, portanto, perseguir o inimigo de um modo confuso, obrigando-o a pular para os lados, mantendo o seu corpo forte e ereto. Os mesmos princípios se aplicam à estratégia em grande escala. A essência da estratégia é lançar-se sobre o inimigo em grandes números e acelerar a queda dele. Muitas pessoas, estudando a estratégia errada, costumam contra-atacar, evadir e retroceder, como se fossem as coisas mais normais. Viciam-se nesses hábitos e acabam sendo manobradas pelo inimigo. O Caminho da Estratégia é reto e verdadeiro. Você deve perseguir o inimigo e forçá-lo a obedecer ao seu espírito.

OUTRAS ESCOLAS COM MUITOS MÉTODOS USANDO A ESPADA LONGA

Creio que outras escolas ensinam que há muitos métodos para usar a espada longa somente para conquistar a admiração dos iniciantes. Elas, na verdade, vendem o Caminho. É um espírito vil em estratégia.

Matar um homem deliberadamente é um erro. Para começar, a matança não é o Caminho da humanidade. Matar é o mesmo para aqueles que sabem lutar e os que não sabem. É o mesmo para mulheres e crianças, e não existem muitos métodos diferentes. Podemos falar de diferentes táticas como espetar com uma espada ou massacrar, mas nada além disso.

De qualquer forma, derrubar o inimigo é o Caminho da Estratégia, e não há necessidade de refiná-lo.

Mesmo assim, dependendo do lugar, a sua espada longa pode ser obstruída acima ou ao lado, e você precisará empunhá-la de maneira que possa ser usada. Há cinco métodos em cinco direções.

Além desses cinco, qualquer outro método, como torcer a mão, dobrar o corpo, saltar para fora e assim por diante, não pertence ao verdadeiro Caminho da Estratégia. Para derrubar o inimigo, você não deve se contorcer ou dobrar o corpo. Isso é completamente inútil. Em minha estratégia, mantenho o espírito e o corpo eretos, forçando o inimigo a dobrar-se e contorcer-se. O espírito necessário é vencer, atacando o inimigo quando o espírito dele estiver perturbado. Estude isso bem.

USO DE ATITUDES DA ESPADA LONGA EM OUTRAS ESCOLAS

Atribuir demasiada importância às atitudes da espada longa é um modo equivocado de pensar. O que se conhece no mundo como "atitude" só se aplica quando não há um inimigo. O motivo é que tal conceito tem sido um precedente desde a antiguidade e não deveria haver nos duelos a noção de "esse é um modo moderno de lutar". Você deve forçar o inimigo a situações inconvenientes.

As atitudes são para situações nas quais você não precisa mover-se, ou seja, castelos, formação militar e assim por diante, demonstrando um espírito de não se mover nem diante de um forte ataque. No Caminho do duelo, porém, você precisa concentrar-se em assumir a liderança e atacar. A atitude é o espírito de aguardar um ataque. Compreenda esse princípio muito bem.

Em duelos de estratégia, você deve manipular a atitude do oponente. Ataque quando o espírito dele estiver relaxado, confundindo, irritando, aterrorizando. Aproveite a vantagem do ritmo do inimigo quando ele estiver perturbado, e vencerá facilmente.

Não gosto do espírito defensivo chamado de "atitude". Por isso, em meu Caminho, incluo o que chamo de "Atitude de Não-Atitude".

Em estratégia em grande escala, lançamos nossas tropas à batalha, cientes de nossa força, observando os números do inimigo e notando os detalhes do campo de batalha. Isso ocorre no início da batalha.

O espírito de atacar primeiro é completamente diferente do espírito de ser atacado. Executar bem um ataque, com uma atitude forte, e bloquear o ataque inimigo é como construir uma muralha de lanças e alabardas. Quando você ataca o inimigo, seu espírito deve chegar ao ponto de arrancar estacas da muralha e usá-las como lanças e alabardas. Examine bem essa questão.

FIXANDO O OLHAR EM OUTRAS ESCOLAS

Algumas escolas pregam que os olhos devem voltar-se para a espada longa do inimigo. Já outras fixam o olhar nas mãos, e outras ainda no rosto, nos pés, e assim por diante. Se você fixar os olhos nesses locais, seu espírito pode se confundir e sua estratégia será prejudicada.

Explicarei com mais detalhes. Os futebolistas[52] não fixam o olhar na bola, mas, através de um bom jogo no campo, desempenham-se bem. Quando você se acostuma a uma coisa, não se limite a usar os olhos. Alguns indivíduos tornam-se mestres da música e têm a partitura na frente do nariz, ou brandem a espada em várias direções tão logo tenham dominado o Caminho, mas isso não significa que fixem o olhar especificamente nessas coisas, ou que façam movimentos aleatórios com a espada. Significa, isso sim, que podem ver naturalmente.

No Caminho da Estratégia, quando você já lutou muitas vezes, consegue facilmente avaliar a velocidade e a posição da espada do inimigo, e, tendo dominado o Caminho, verá o peso de espírito do adversário. Em estratégia, fixar o olhar significa observar o coração do homem.

Em estratégia em grande escala, a área que deve ser observada é a força do inimigo. "Percepção" e "vista" são os dois métodos de ver. Percepção consiste em concentrar-se no espírito do inimigo, observando a condição do campo de batalha, fixando o olhar com firmeza, vendo o progresso da luta e as mudanças de vantagem. Essa é uma maneira garantida de vencer.

---

52. Futebolistas: *O futebol era um jogo de quadra no Japão medieval.*

Em combate homem a homem, você não deve fixar o olhar em detalhes. Como expliquei antes, se fizer isso e negligenciar coisas importantes, seu espírito ficará confuso e perderá a chance da vitória. Pesquise bem esse princípio e treine diligentemente.

USO DOS PÉS EM OUTRAS ESCOLAS

Há vários métodos para o uso dos pés: flutuar, saltar, pular, pisar, andar de corvo e outras técnicas sutis. Do ponto de vista de minha estratégia, todos são insatisfatórios.

Não aprecio o pé flutuante porque o Caminho deve ser calcado com firmeza. Tampouco gosto do pulo, pois ele encoraja um hábito ansioso e agita o espírito. Nunca há uma boa justificativa para o pulo; portanto, não é bom pular.

O pé saltitante também agita o espírito, além de torná-lo hesitante.

Pisar é um método de "espera", o qual eu particularmente abomino.

Além desses, há vários métodos de andar rápido, como o do corvo etc.

Às vezes, porém, você pode encontrar um inimigo em terrenos pantanosos, vales de rios, solos rochosos ou trilhas estreitas, em situações que não lhe permitem pular nem se mover rapidamente.

Em minha estratégia, o jogo de pés não muda. Caminho sempre como se estivesse andando na rua, em ritmo normal. Jamais perca controle de seus pés. De acordo com o ritmo do inimigo, mova-se com mais ou menos velocidade, não ajustando o corpo demais nem de menos.

Também em estratégia em grande escala é importante ter controle dos pés, pois, se atacar rápido demais e sem conhecer o espírito do inimigo, seu ritmo será prejudicado e você não será capaz de vencer. Ou, se avançar com muita lentidão, não aproveitará a desorganização do inimigo, a oportunidade de vencer lhe escapará e a luta não será terminada rapidamente. Você deve vencer aproveitando a confusão do inimigo, não lhe dando a menor chance de se recuperar. Pratique isso bem.

VELOCIDADE EM OUTRAS ESCOLAS

A velocidade não faz parte do verdadeiro Caminho da Estratégia. A velocidade implica que as coisas são rápidas ou lentas, de acordo com o ritmo em que se encontram. Qualquer que seja o Caminho, o mestre da estratégia não parece rápido.

Algumas pessoas são capazes de andar 160 ou 200 km em um dia, mas isso não significa que corram continuamente de manhã até a noite. Corredores sem prática podem dar a impressão de que correm o dia todo; porém, seu desempenho é fraco.

No Caminho da dança, os bailarinos bem-sucedidos conseguem cantar enquanto dançam, mas quando os iniciantes tentam, seu ritmo diminui e o espírito fica ocupado. A melodia do "velho pinheiro"[53] batendo em um tambor de couro é tranquila; aqueles que têm prática conseguem produzir um ritmo acelerado, mas não é bom bater no tambor

---

53. Velho pinheiro: *"KoMatsu Bushi", uma antiga canção para flauta ou lira.*

com pressa, pois há o risco de sair do tom. A lentidão, sem dúvida, sempre é ruim. Na verdade, as pessoas habilidosas nunca perdem tempo e agem deliberadamente, sem, no entanto, demonstrarem pressa. Através desse exemplo, pode-se compreender o princípio.

O que é conhecido como velocidade é particularmente ruim no Caminho da Estratégia. Dependendo do lugar, lodo, pântano etc., pode não ser possível mover o corpo e as pernas ao mesmo tempo e com a mesma rapidez. Pior ainda seria atacar com uma espada longa. Se você golpear rapidamente, como se usasse um leque ou uma espada curta, não conseguirá nem roçar o inimigo. Compreenda isso.

Na estratégia em grande escala, um espírito rápido não é desejável. O espírito deve ser aquele de quem segura o travesseiro. Se você fizer isso, não estará perdendo tempo.

Quando o adversário se apressar, descuidado, você deve agir de forma exatamente contrária, permanecendo calmo. Não se influencie pelo inimigo. Treine com afinco e desenvolva esse espírito.

"INTERIOR" E "SUPERFÍCIE" EM OUTRAS ESCOLAS

Em estratégia, não há "interior" nem "superfície".

As realizações artísticas geralmente alegam possuir significado interior ou oculto e uma tradição secreta e um "portão"[54], mas em combate não é possível lutar na superfície

---

54. Portão: *Um estudante que se matriculasse em uma escola tinha de passar por um portão do Dojo. Passar pelo portão de um professor tinha o significado de fazer um curso.*

nem golpear com o interior. Quando ensino meu Caminho, começo pelo treinamento de técnicas que sejam fáceis para o estudante compreender. Aos poucos, tento explicar o princípio profundo, esmiúço os pontos mais difíceis, tudo conforme o progresso do estudante. Como o caminho da compreensão passa pela experiência, jamais falo do "interior" ou do "portão".

Neste mundo, se você vai às montanhas e decide aprofundar-se cada vez mais, acaba emergindo no portão. Qualquer que seja o Caminho, ele tem um interior, e às vezes é bom indicar o portão. Em estratégia, não se pode dizer o que está oculto e o que se revela.

Por isso, não gosto de explicar meu Caminho através de juramentos escritos e regulamentos. Percebendo a habilidade de meus estudantes, ensino o Caminho direto, removo a má influência das outras escolas e, aos poucos, apresento aos estudantes o verdadeiro Caminho do guerreiro.

O método de ensinar minha estratégia é com um espírito de confiança. Você precisa treinar com afinco.

Tentei mostrar aqui as tendências gerais de outras escolas, em nove pontos. Se as observarmos a partir de um ponto de vista honesto, veremos que as pessoas sempre costumam preferir as espadas longas ou curtas, preocupando-se com a força nas questões grandes e pequenas. Você compreende por que não lido com os "portões" das outras escolas.

Em minha escola Ichi da longa espada, não há portão nem interior. Não há sentido oculto nas atitudes da espada. Você só precisa manter seu espírito verdadeiro para compreender a virtude da estratégia.

Décimo segundo dia do quinto mês, segundo ano de Shoho (1645).

Teruo Magonojo
Shinmen Musashi

Ideograma do vazio

O LIVRO DO VAZIO

O Caminho Ni To Ichi da estratégia de Shinmen Musashi está registrado neste Livro do Vazio.

Chamamos de espírito do vazio o lugar onde não há nada. Não faz parte do conhecimento do homem. Claro que o vazio é um nada. Conhecendo as coisas que existem, você conhece também as que não existem. Esse é o verdadeiro vazio.

As pessoas neste mundo veem as coisas de um ângulo errado, achando que aquilo que não compreendem deve ser o vazio. Mas não é. É apenas confusão.

No Caminho da Estratégia, também, aqueles que estudam como guerreiros acreditam que tudo o que não compreendem em sua área é o vazio. Não é.

Para alcançar o Caminho da Estratégia como guerreiro, você deve estudar muito bem as outras artes marciais e não desviar do Caminho do guerreiro. Com o espírito apaziguado, acumule prática a cada dia, a cada hora. Lapide o espírito, o coração e a mente, e apure o binômio percepção e visão. Quando seu espírito estiver totalmente livre, quando as nuvens da confusão se dissiparem, lá estará o vazio.

Até você enxergar o verdadeiro Caminho, através do budismo ou do bom senso, poderá pensar que as coisas estão corretas e em ordem. Contudo, se olharmos para as coisas objetivamente, do ponto de vista das leis do mundo, veremos várias doutrinas partindo do verdadeiro Caminho. Conheça bem esse espírito, e saiba sem a menor dúvida que ele é o verdadeiro Caminho. Desenvolva a estratégia de maneira franca, correta e aberta. E, então, conseguirá ver as coisas no sentido amplo, assumindo o vazio como o Caminho, e vendo o Caminho como o vazio.

No vazio está a virtude e não o mal. A sabedoria tem existência, o princípio tem existência, o Caminho tem existência, o espírito é o nada.

Décimo segundo dia do quinto mês, segundo ano de Shoho (1645).

Teruo Magonojo

Shinmen Musashi

Leitura Recomendada

ARTE DA GUERRA, A
Por uma Estratégia Perfeita
Sun Tzu

Um dos maiores tratados de estratégia de todos os tempos. Um livro útil para o homem de negócios, militar, ou para qualquer pessoa empenhada em vencer na vida. Escrito pelo general chinês Sun Tzu, a partir do resultado de sua experiência em suas campanhas militares que foram as mais variadas.

ARTE DA GUERRA, DA
Teoria Geral de Estratégia
Maquiavel

Da Arte da Guerra, o tratado de autoria de Nicolau Maquiavel, tem como cenário as reuniões intelectuais dos Ortii Oricellari (Jardins de Rucellai), local onde se reunia a Academia Florentina e onde tinha sido colocada a estatuaria retirada dos Medici, seus inimigos.

BUSHIDO
O Código do Samurai
Daidoji Yuzan

O código de ética e de conduta dos samurais era o Bushido, tradução de bushi "guerreiro" e do "código". Neste livro, são abordadas as diversas formas de enfrentar (e saber qual o estado de espírito ideal para vencer) as batalhas do cotidiano. Uma leitura que pode muito bem ser adaptada para o campo de batalha das empresas, dos executivos e homens de negócio. Por sua vez, é também uma leitura interessante para os estudiosos do zen budista e orientalismo, e, claro, para militares, pois afinal é a eles que esta obra se destina.

Leitura Recomendada

Caminho do Guerreiro, O
O Oráculo da Jornada da Vida
Lucas Estrella Schultz

Eis um convite diário à descoberta dos nobres valores do Guerreiro. Trata-se de um livro primoroso, em que a natureza espiritual da filosofia do Guerreiro japonês nos ajuda a descobrir como fazer de suas convicções um modelo para nossas vidas.

Dominando a Arte da Guerra
Comentários sobre o clássico de Sun Tzu
Liu Ji e Zhuge Liang

Após o grande sucesso de *A Arte da Guerra* — um dos maiores tratados de estratégia de todos os tempos —, a Madras Editora lança *Dominando a Arte da Guerra*, obra que reúne comentários das estratégias do clássico de Sun Tzu e ensinamentos sobre disputa e ação militar delineados no I Ching; um livro a respeito de avaliações estratégicas, cujo desígnio seria o de ajudar o indivíduo a levar uma vida mais racional e efetiva.

Como lidar com pessoas Difíceis
Guia Prático para Melhorar Seus Relacionamentos
Alan Houel e Christian Godefroy

Algumas pessoas têm formas de tornar nossas vidas difíceis e precisamos encontrar maneiras de neutralizá-las. Este é um livro prático e direto que irá ajudá-lo a fazer exatamente isso.

MADRAS® Editora — CADASTRO/MALA DIRETA

Envie este cadastro preenchido e passará a receber informações dos nossos lançamentos, nas áreas que determinar.

Nome _____
RG _____ CPF _____
Endereço Residencial _____
Bairro _____ Cidade _____ Estado ____
CEP _____ Fone _____
E-mail _____
Sexo ❏ Fem. ❏ Masc.   Nascimento _____
Profissão _____ Escolaridade (Nível/Curso) _____

Você compra livros:
❏ livrarias   ❏ feiras   ❏ telefone   ❏ Sedex livro (reembolso postal mais rápido)
❏ outros: _____

Quais os tipos de literatura que você lê:
❏ Jurídicos   ❏ Pedagogia   ❏ Business   ❏ Romances/espíritas
❏ Esoterismo   ❏ Psicologia   ❏ Saúde   ❏ Espíritas/doutrinas
❏ Bruxaria   ❏ Auto-ajuda   ❏ Maçonaria   ❏ Outros:

Qual a sua opinião a respeito dessa obra? _____
_____

Indique amigos que gostariam de receber MALA DIRETA:
Nome _____
Endereço Residencial _____
Bairro _____ Cidade _____ CEP _____

Nome do livro adquirido: <u>O Livro dos Cinco Anéis</u>

Para receber catálogos, lista de preços e outras informações, escreva para:

MADRAS EDITORA LTDA.
Rua Paulo Gonçalves, 88 — Santana — CEP: 02403-020 — São Paulo/SP
Caixa Postal: 12299 — CEP: 02013-970 — SP
Tel.: 2959-1127 — Fax.:2959-3090
www.madras.com.br

MADRAS® Editora

Para mais informações sobre a Madras Editora,
sua história no mercado editorial
e seu catálogo de títulos publicados:

Entre e cadastre-se no site:

www.madras.com.br

Para mensagens, parcerias, sugestões e dúvidas, mande-nos um e-mail:

marketing@madras.com.br

SAIBA MAIS

Saiba mais sobre nossos lançamentos,
autores e eventos seguindo-nos no facebook e twitter:

@madrased

/madraseditora